Das Einmaleins des fairen Streitens

Rita Steininger

Das Einmaleins des fairen Streitens

Wie Sie Konflikte mit Ihren Kindern konstruktiv lösen

Patmos Verlag

VERLAGSGRUPPE PATMOS

PATMOS
ESCHBACH
GRÜNEWALD
THORBECKE
SCHWABEN

Die Verlagsgruppe
mit Sinn für das Leben

Für Elisabeth und Ludwig

Für die Schwabenverlag AG ist Nachhaltigkeit ein wichtiger Maßstab ihres Handelns.
Wir achten daher auf den Einsatz umweltschonender Ressourcen und Materialien.
Dieses Buch wurde auf FSC®-zertifiziertem Papier gedruckt. FSC (Forest Stewardship
Council®) ist eine nicht staatliche, gemeinnützige Organisation, die sich für eine
ökologische und sozial verantwortliche Nutzung der Wälder unserer Erde einsetzt.

Bibliografische Information der Deutschen Nationalbibliothek
Die Deutsche Nationalbibliothek verzeichnet diese Publikation in
der Deutschen Nationalbibliografie;
detaillierte bibliografische Daten sind im Internet über
http://dnb.d-nb.de abrufbar.

Umschlaggestaltung: Finken & Bumiller, Stuttgart
Umschlagabbildung: © Mr. Nico / photocase.com
Druck: CPI – Ebner & Spiegel, Ulm
Hergestellt in Deutschland
ISBN 978-3-8436-0468-0 (Print)
ISBN 978-3-8436-0470-3 (eBook)

Inhalt

Einleitung: Konflikte mit Kindern im Schulalter

»Die Kinder von heute sind Tyrannen. Sie widersprechen ihren Eltern, kleckern mit dem Essen und ärgern ihre Lehrer.« Diese Kritik an der Jugend entstammt nicht etwa der jüngsten Tyrannen-Debatte – sondern geht zurück auf Sokrates (469–399 v. Chr.), den großen Philosophen der griechischen Antike. Das beweist: Konflikte gehören seit eh und je zum Erziehungsalltag und zu allen Zeiten hatten Eltern Probleme mit ihren Kindern. Familienkonflikten können wir nicht ausweichen – doch wir können lernen, mit ihnen umzugehen.

Stoff für Zoff: die klassischen Streitthemen

Wie sich das Zusammenleben in einer Familie abspielt, hängt zu einem großen Teil von der jeweiligen Entwicklungsphase des Kindes bzw. der Kinder ab. Anders ausgedrückt: Jedes Alter und jeder Entwicklungsabschnitt birgt seine eigenen Konfliktthemen.

Dabei sind die Anlässe für Konflikte mit Kindern im Schulalter auf den ersten Blick durchaus vergleichbar mit denen im Kleinkind- und Vorschulalter (sieht man einmal vom Ausnahmezustand der sogenannten »Trotzphase« ab): Nach wie vor entzünden sich Eltern-Kind-Konflikte an klassischen Themen wie Aufräumen und Zähneputzen, Fernseh- und Computerzeiten, Tischmanieren und Schimpfwörtern oder den ewigen Streitigkeiten zwischen Geschwistern.

Doch im Lauf der Schulzeit kommen immer neue Themen hinzu: sei es der regelmäßige Besuch von Nachhilfe- und Übungsstunden, die Erledigung der Hausaufgaben, die Versorgung des Haustiers oder die steigenden Konsumansprüche der Kinder. Gar nicht erst zu reden von den Problemen, die mit der Phase der Pubertät einhergehen – ein Entwicklungsabschnitt, der bei Kindern heutzutage um einiges früher beginnt als noch vor wenigen Jahrzehnten und der in der Regel von heftigen Gefühlsausbrüchen und Stimmungsschwankungen, von Auflehnung gegen die Eltern und der Suche nach der eigenen Identität charakterisiert ist.

Respekt und Ermutigung: zwei Grundpfeiler der Erziehung

Im Lauf der Zeit haben sich die vorherrschenden Erziehungsstile immer wieder gewandelt. Lange Zeit galt in unserer Gesellschaft die autoritäre Erziehung als angemessener Umgang mit dem Nachwuchs. In den Sechzigerjahren wurde er abgelöst durch den sogenannten »permissiven Erziehungsstil« (besser bekannt als »antiautoritäre Erziehung«), der Kindern keine Grenzen setzte, sondern sie einfach gewähren ließ.

Beide Erziehungsstile haben ausgedient. Heute wünschen sich Eltern vor allem eine Erziehungsmethode, die ohne Schimpfen und Strafen auskommt, ganz zu schweigen von körperlicher Züchtigung. Was diese betrifft, so ist seit November 2000 die körperliche Bestrafung von Kindern durch ihre Eltern ohnehin per Gesetz verboten.

Tatsächlich gibt es ein Erziehungskonzept, das die Ansprüche und Erwartungen der Eltern heute erfüllen kann. Es geht auf den Begründer der Individualpsychologie, Alfred Adler (1870–1937), und dessen Schüler, den Psychologen, Pädagogen und Psychiater Rudolf Dreikurs (1897–1972), zurück – und ist damit keineswegs neu, sondern schon etliche Jahrzehnte alt.

Einer der Schlüsselbegriffe dieses Erziehungskonzepts lautet »Ermutigung«. Rudolf Dreikurs zufolge brauchen Kinder Ermutigung anstelle von Kritik und Zurechtweisung, damit sie Selbstvertrauen entwickeln und ihre Fähigkeiten entfalten können.

Ein weiterer zentraler Begriff des Adler-Dreikurs-Konzepts ist »Respekt«. Eltern sollten sich bei all ihren Vorgehens- und Verhaltensweisen fragen, ob sie sich dem Kind gegenüber respektvoll verhalten. Dazu gehört, seine Bedürfnisse zu beachten, es in seinen Fähigkeiten zu bestärken, es mit seiner Persönlichkeit anzunehmen, es weder zu überfordern noch zu unterfordern, es weder auf ein Podest zu stellen noch es zu erniedrigen.

Aber auch mit sich selbst sollten Eltern respektvoll umgehen, indem sie auf die Einhaltung von Grenzen und Regeln bestehen und auf ihre eigenen Bedürfnisse achten.

Das Adler-Dreikurs-Konzept hat sich über Jahrzehnte bewährt; deshalb haben es namhafte Psychologen und Pädagogen weltweit übernommen, weiterentwickelt und ergänzt. Zu ihnen gehören Dr. Don Dinkmeyer sr., Dr. Gary D. McKay und Dr. Don Dinkmeyer jr., die in den USA das Elterntraining »STEP« (Systematic Training für Effective Parenting) entwickelt haben, das Eltern zu mehr Erziehungskompetenz und damit zu mehr Gelassenheit im Alltag verhelfen soll;[1] ebenso gehört dazu der Niederländer Theo Schoenaker, der das Encouraging-Elterntraining »Schoenaker Konzept®« begründet hat.[2] Ihren Veröffentlichungen und weiteren Publikationen verdankt das vorliegende Buch viele wertvolle Anregungen.

Zu diesem Buch

Ziel dieses Buchs ist es, Eltern zu einem wertschätzenden Erziehungsstil zu ermutigen, bei dem sich Schimpfen und Strafen weitgehend erübrigen und mit dem sich Konflikte im Familienalltag fair und liebevoll lösen lassen.

Teil 1 des Buchs widmet sich dabei den theoretischen Grundlagen: Welcher Kommunikationsstil sollte innerhalb der Familie vorherrschen? Wie setzen Eltern ihren Kindern klare Grenzen, wie erreichen sie, dass der Nachwuchs kooperiert und sich an Regeln hält? Wie lassen sich Streitigkeiten zwischen Geschwistern schlichten?

Teil 2 befasst sich mit den alltäglichen Konflikten zwischen Eltern und Kindern, führt typische Beispiele an und zeigt mögliche Lösungswege auf. Dabei handelt es sich keineswegs um Patentlösungen, denn viele Wege führen zum Ziel, wie auch die Erfahrungsberichte von Eltern in einzelnen Praxiskapiteln zeigen (die Namen der Eltern und Kinder in den Erfahrungsberichten sind alle geändert). Nicht zuletzt sind diverse Expertentipps in die Kapitel eingeflossen, die weitere Möglichkeiten aufzeigen, bestehende Eltern-Kind-Konflikte konstruktiv zu lösen.

Allen Eltern, die sich für den Weg der Konfliktlösung auf der Basis einer ermutigenden, respektvollen Erziehung entschieden haben, wünsche ich dabei gutes Gelingen, viel Freude und ein erfülltes Familienleben.

Rita Steininger

11

Teil I
Grundlagen für den Umgang mit Konflikten

1. Richtig miteinander reden

Kommunikation ist der Schlüssel zu jeder guten Beziehung. Das gilt besonders für die Beziehungen innerhalb der Familie. Es lohnt sich daher, einmal einen prüfenden Blick auf das eigene Kommunikationsverhalten zu werfen: Drücke ich mich meinem Kind gegenüber klar und verständlich aus? Kann ich zuhören, wenn mein Kind mir etwas sagen will? Verhalte ich mich in Konfliktsituationen fair und respektvoll gegenüber meinem Kind? Gerade der letzte Punkt spielt eine entscheidende Rolle. Denn solange die Atmosphäre in der Familie friedlich und entspannt ist, fällt es uns als Eltern leicht, fair und gelassen zu bleiben. Bringt uns das Kind jedoch derart aus der Fassung, dass uns plötzlich alle Sicherungen durchbrennen, kann es schnell passieren, dass wir heftiger als beabsichtigt reagieren und das Kind damit einschüchtern oder verletzen.

In diesem Kapitel finden Sie wichtige Gesprächsregeln für den Familienalltag, die Ihnen helfen, die Kommunikation und damit die Beziehung zu Ihrem Kind gezielt zu verbessern. Beobachten Sie sich selbst auch im Hinblick auf mögliche Kommunikationsfehler und versuchen Sie, in entspannten Momenten gezielt daran zu arbeiten. Ein paar Übungen in diesem Kapitel können Ihnen dabei helfen.

Das »Du«, das »Man«, das »Wir« und das »Ich«

»Du benimmst dich unmöglich!« – »Du musst dir mehr Mühe geben!« Kommen Ihnen solche Sätze bekannt vor? Viele Erwachsene kennen sie nur zu gut aus ihrer eigenen Kindheit. Es gehörte früher nun einmal zur gängigen Erziehungsauffassung, dass man Kinder ermahnen, korrigieren und belehren müsse, um ihnen ordentliches Benehmen beizubringen. Und an der Absicht selbst gibt es ja auch nichts auszusetzen.

Dennoch sind Du-Botschaften wie die obigen Beispielsätze im Erziehungsalltag mit Vorsicht zu gebrauchen. Denn in Stress- und Konfliktsituationen können sie eine sehr ungute Wirkung entfalten.

15

Das »Du« erzeugt Abwehr

Stellen wir uns folgende Szene vor: Der Vater kommt von der Arbeit nach Hause und bemerkt auf dem Weg vom Gartentor zur Haustür ein Getuschel hinter der Hecke am Gartenzaun. Er beschließt nachzusehen und kann seinen achtjährigen Sprössling und dessen Spielkameraden gerade noch davon abhalten, einen aufgetürmten Haufen aus Papier und dürren Zweigen in ein Lagerfeuer zu verwandeln. »Du bist wohl total übergeschnappt!«, schreit der Vater entsetzt. »Hast du denn keinen Funken Verstand? Na warte, gleich kannst du was erleben!«

So gut man die Schreckreaktion des Vaters verstehen kann, nützen dürfte sie wenig. Mit seinem Geschimpfe wird der Vater den Junior kaum zur Vernunft bringen können. Und das liegt sicher nicht allein am wütenden Tonfall, sondern ebenso daran, dass die Sätze des Vaters alle als Du-Botschaften formuliert sind. Das heißt, es handelt sich durchweg um Äußerungen, die ausschließlich das Gegenüber betreffen.

Nun haben Du-Botschaften besonders in Stresssituationen die ungünstige Eigenschaft, dass sie, wie in unserer Beispielszene, oft Herabsetzungen und Drohungen enthalten. Manchmal schwingen in solchen Sätzen auch Vorwürfe mit, etwa auf die Art: »Du machst doch immer nur Unfug!« All das erzeugt beim Kind Abwehr, Entrüstung oder Angst, ganz sicher jedoch nicht die erhoffte Einsicht und Kooperation.

Anders verhält es sich mit Ich-Botschaften: Sie drücken Wünsche und Stimmungen aus, ohne den anderen zu verletzen. Entscheiden Sie selbst, welche Aussage wahrscheinlich eine bessere Wirkung erzielt: »Du bist wohl total übergeschnappt, hier ein Feuer zu machen!« Oder: »Ich dulde kein Spiel mit dem Feuer, das ist zu gefährlich!«

Das »Man« spielt Verstecken

Auch solche Sätze klingen vielen Erwachsenen noch aus ihrer Kindheit in den Ohren: »So was tut man nicht!« – »Kann man sich denn gar nicht auf dich verlassen?« Fragt sich nur, wer »man« ist.

Natürlich können Kinder im Schulalter die Person hinter einem »Man« meist identifizieren. Dennoch handelt es sich bei Man-Formulierungen um sprachliche Versteckspiele. Wer sie gebraucht, neigt dazu, sich in Verallgemeinerungen zu flüchten. Etwa auf die Art: »Ich sehe die Sache so, wie sie jeder andere sieht.« Das verleiht dem Standpunkt des Sprechers vermeintlich größeres Gewicht. Doch gerade deshalb stoßen Verallgemeinerungen beim Adressaten häufig auf Abwehr, vor allem, wenn sie mit Kritik gepaart sind.

Die Empfehlung lautet daher: Nennen Sie das »Man« beim Namen. Sagen Sie nicht: »So was tut man nicht!«, denn damit machen Sie Ihrem Nachwuchs den versteckten Vorwurf, dass er gegen eine Benimmregel verstößt, die jedes kleine Kind kennt. Sagen Sie stattdessen: »Ich mag das nicht!« Damit verdeutlichen Sie, wo für Sie die Grenze des Tolerablen liegt, die Ihr Kind nicht überschreiten sollte.

Bessere Alternativen gibt es auch für den Satz: »Kann man sich denn gar nicht auf dich verlassen?« Wie wäre es beispielsweise mit der Formulierung: »Ich möchte mich auf dich verlassen können.«

Genau wie bei Du-Botschaften empfiehlt es sich, Man-Sätze in Ich-Sätze umzuwandeln. Auf diese Weise bringen Sie Ihren persönlichen Wunsch oder Standpunkt zum Ausdruck, anstatt sich hinter einer vorgeblichen Kollektivmeinung zu verstecken, die es in Wahrheit nicht gibt.

Wollen wir oder will ich?

Auf etwas andere Art als bei Man-Formulierungen besitzt auch das Wörtchen »wir« eine verschleiernde Wirkung. Angenommen, die Mutter sagt zu Ihrer Tochter: »Nun beeil dich doch, wir wollen schließlich pünktlich aus dem Haus kommen.« In diesem Fall könnte es passieren, dass das Kind ungerührt zurückgibt: »Du vielleicht, ich nicht!«

Das »Wir« täuscht im geschilderten Beispiel eine Gemeinsamkeit vor, die in Wirklichkeit nicht existiert. Ersetzt die Mutter hingegen das Wort durch ein »Ich«, überlässt sie dem Kind die Entscheidung, sich ihrem Standpunkt anzuschließen oder nicht.

Ein Kind braucht dieses Zugeständnis, damit es sich zu einer eigenständigen Persönlichkeit entwickeln kann. Anstatt es mit einem »Wir« zu vereinnahmen, sollten ihm die Eltern Raum für eigene Entscheidungen überlassen. Damit beweisen sie dem Kind ihren Respekt und ihre Wertschätzung.

Was das »Ich« so wertvoll macht

Wie Sie sehen, haben Ich-Botschaften im Vergleich zu Formulierungen mit »Du«, »Man« oder »Wir« einen entscheidenden Vorteil: Der Sprecher, die Sprecherin bringt damit die eigenen Wünsche, Gefühle und Stimmungen zum Ausdruck, anstatt das Gegenüber anzugreifen, wie es bei Du-Botschaften häufig passiert.

Gerade in Problem- und Stresssituationen können Ich-Botschaften demnach helfen, Spannungen zu vermeiden und den Weg zu einer einvernehmlichen Lösung zu ebnen. Denn wenn die Eltern bei einem unliebsamen Vorfall darauf verzichten, das Kind mit Vorwürfen, Herabsetzungen oder Drohungen zu überhäufen, geben sie ihm die Chance, sich kooperativ zu verhalten. Es fühlt sich nicht in die Enge getrieben, muss sich nicht verteidigen und wird deshalb eher bereit sein, einen begangenen Fehler wiedergutzumachen.

Mit Ich-Botschaften schaffen Eltern nicht zuletzt eine Atmosphäre des Vertrauens. Denn sie bedeuten ihrem Kind damit: »Ich traue dir zu, dass du meine Bedürfnisse verstehst und respektierst.« Das ist ein schönes Zeichen von Anerkennung.

Ich-Botschaften sind nicht nur in Konfliktsituationen zu empfehlen. Auch ein Lob klingt manchmal besser in Form einer Ich-Botschaft. »Ich bin richtig stolz auf dich!« – drückt ein solcher Satz nicht viel mehr Zuneigung und Wertschätzung aus als »Du bist super!«?

Tipp: Lernen Sie, Ich-Botschaften zu verwenden
Wenn Sie wie viele Erwachsene jahrzehntelang Du-Botschaften verwendet haben, werden Sie feststellen, dass es gar nicht so einfach ist, plötzlich auf Ich-Botschaften umzusteigen. Doch es lohnt sich, denn Sie können die Beziehung zu Ihrem Kind dadurch wesentlich verbessern. Allerdings genügt es nicht, einen Satz anstatt mit »Du« einfach mit »Ich« zu beginnen; dahinter könnte sich trotzdem eine verkappte Du-Botschaft verbergen. (»Ich finde dich unverschämt« sagt nahezu das Gleiche aus wie »Du bist unverschämt«.) Dennoch kann ein konsequentes »Ich« am Satzanfang zumindest den Einstieg beim Erlernen von Ich-Botschaften erleichtern.

Dabei hilft Ihnen auch die folgende Übung. Versuchen Sie, jeder Du-Botschaft eine Ich-Botschaft gegenüberzustellen, so wie bei den ersten zwei Beispielsätzen. Achten Sie darauf, dass in Ihren Ich-Sätzen keine negative Bewertung des Gesprächspartners zum Ausdruck kommt, und formulieren Sie stattdessen eigene Bedürfnisse und Wünsche.

* »Du Faulpelz tust überhaupt nichts!« – »Ich brauche deine Hilfe!«
* »Du isst wie ein Ferkel!« – »Ich möchte, dass du die Serviette benutzt!«
* »Du bist vielleicht begriffsstutzig!« – …
* »Du führst dich auf wie ein Wilder!« – …
* »Du störst entsetzlich!« – …
* »Du machst doch immer nur, was du willst!« – …
* »Du bist dermaßen unverschämt!« – …
* »Du bringst mich zur Verzweiflung!« – …

Aktiv zuhören, Gesprächskiller meiden

Es gibt in der Eltern-Kind-Kommunikation noch andere Verhaltensweisen, die wir von der Generation unserer Eltern und Großeltern erlernt haben. So neigen wir oft dazu, im Gespräch mit dem Kind das Wort zu führen. Schließlich haben wir unserem Nachwuchs an Wissen und Erfahrung einiges voraus und glauben daher, es besser zu wissen. Dabei passiert es allerdings leicht, dass wir das Gespräch mit dem Kind schon im Ansatz blockieren. Denn wenn wir das Wort an uns reißen, fühlt sich das Kind als Gesprächspartner nicht ernst genommen. Wir sollten daher einen Weg finden, unserem Kind zu zeigen, dass wir es verstehen und seine Gefühle respektieren. Das gelingt, indem wir aktiv zuhören.

Ein Beispiel: Der achtjährige Sohn kommt mit grimmigem Gesicht vom Fußballtraining und schimpft: »Mit diesen Idioten spiele ich nicht mehr.« Anstatt zu fragen, was vorgefallen ist, fühlen sich manche Eltern hier sofort veranlasst, ihren Sprössling zurechtzuweisen: »Na hör mal, wie redest du denn über deine Sportkameraden!« Typische Reaktionen sind auch diese: »Du hast doch nicht etwa die ganze Gruppe aufgemischt?« Oder: »Wenn du einen Streit angefangen hast, musst du dich entschuldigen.« Oder: »Hast du denn überhaupt keinen Teamgeist?« Oder: »Das war ja zu erwarten, dass du schon nach zwei Wochen die Lust am Fußballspielen verlierst.«

Wenn der Gesprächsfaden reißt

Moralisieren, verhören, kommandieren, kritisieren, Vorwürfe äußern – all das sind Reaktionen, mit denen Eltern ihr Kind – oft ohne es zu merken – zum Schweigen bringen, bevor ein Gespräch überhaupt erst angefangen hat. Es gibt noch mehr solcher »Killerreaktionen«, zum Beispiel dem Kind zu drohen (»Wenn du so weitermachst, mag bald niemand mehr mit dir spielen!«) oder es bloßzustellen (»Na ja, eine Sportskanone bist du ja nun wirklich nicht!«).

Ungünstig können sich sogar vermeintlich positive Äußerungen auswirken, etwa das Kind zu loben (»Du hast doch einen tollen Start im Verein hingelegt, mach weiter so!«), es zu trösten (»Du Armer, haben dich die anderen etwa wieder geärgert?«) oder es abzulenken (»Na komm, ich spendiere dir jetzt ein Eis, dann ist dein Ärger schnell vergessen!«).

Alle diese Reaktionen, selbst die gut gemeinten, haben in der gegebenen Situation letztlich eine negative Wirkung: Das Kind fühlt sich mit seinen Gefühlen weder verstanden noch ernst genommen.

»Nur Mut, ich höre zu!«

Wenn ein Kind Ärger oder Kummer mit sich herumträgt, hat es meist das Bedürfnis, seinem Herzen Luft zu machen – und tut sich in vielen Fällen dennoch schwer, seine Gefühle zu äußern. Hier kommt es auf das Einfühlungsvermögen der Eltern an. Anstatt selbst das Wort zu ergreifen, sollten sie vor allem dem Kind die Möglichkeit zum Reden geben. Meist hilft ein sogenannter »Türöffner«, das Gespräch in Gang zu bringen. Dabei handelt es sich um eine kurze Äußerung, die das Thema selbst noch nicht anschneidet, sondern allein den Sinn hat, das Kind zum Sprechen zu ermutigen. Zum Beispiel ein Satz wie dieser: »Erzähl ruhig, ich höre dir zu.«

Wichtig ist, dass auch die körpersprachlichen Signale stimmen: Die Eltern sollten sich dem Kind zuwenden, Blickkontakt mit ihm aufnehmen und durch eine aufmerksame Miene und ein gelegentliches Kopfnicken Aufnahmebereitschaft signalisieren.

Tipp: Gesprächssituationen nachspielen

Vielleicht haben Sie ja so etwas schon einmal erlebt: Ihr Kind hatte ganz offenkundig etwas auf dem Herzen, doch trotz Ihrer behutsamen Versuche, es zum Sprechen zu bringen, wollte es einfach nicht mit der Sprache herausrücken. Vergebens fragten Sie sich danach, woran das wohl lag. In solchen Fällen lohnt sich folgender Versuch: Schildern Sie einer anderen Person (zum Beispiel Ihrem Partner bzw. Ihrer Partnerin) die Situation und spielen Sie die Szene dann gemeinsam nach. Ihr Gegenüber soll dabei die Rolle des Kindes übernehmen und (nach Ihren Angaben) möglichst genau dessen Position einnehmen: zum Beispiel mit gesenktem Kopf, verschränkten Armen und angezogenen Knien auf dem Sofa kauern. Sie wiederum stellen oder setzen sich genau so hin, wie Sie es in der Situation getan haben, und sprechen genau so zu Ihrem Gegenüber wie zuvor zu Ihrem Kind. Lassen Sie sich danach von der anderen Person rückmelden, wie sie die Situation erlebt hat. Fragen Sie vor allem nach, was Sie anders hätten machen können.

Manchmal klärt sich durch ein solches Experiment, was das Gespräch blockiert hat. Es könnte zum Beispiel an Ihrer Körperhaltung gelegen haben: Wenn Sie frontal vor dem sitzenden Kind stehen und von oben zu ihm hinuntersprechen, hat das eher eine einschüchternde als ermutigende Wirkung. Setzen Sie sich dagegen neben das Kind und sprechen es behutsam von der Seite her an, erleichtern Sie es ihm damit, sich zu öffnen.

Gekonntes Feedback

Ist der Gesprächseinstieg gelungen und fängt das Kind zu reden an, sollten die Eltern ihm zwischendurch rückmelden, wie sie seine Äußerungen verstanden haben. Sie sollten dabei möglichst nicht wörtlich wiederholen, was das Kind gesagt hat, sondern ihr Feedback in eigenen Worten wiedergeben. Wichtig ist vor allem, dass sie dabei auf die Gefühle des Kindes eingehen. Wenn der achtjährige Nachwuchsfußballer beispielsweise damit herausrückt, dass er mit seinen Teamkameraden in Streit geraten ist, könnte die Mutter oder der Vater antworten: »Da habt ihr euch also gegenseitig beschimpft. Und das macht dich jetzt traurig.« Damit beweisen die Eltern Einfühlungsvermögen und ermutigen das Kind zum Weitersprechen, weil es sich mit seinen Gefühlen verstanden weiß.

Das mag einfach klingen, ist es aber nicht. Denn viele Eltern sind es zu sehr gewohnt, ihrem Nachwuchs Ratschläge zu erteilen und fertige Lösungen anzubieten. Mit solchen Reaktionsweisen drängen sie das Kind jedoch in die Defensive und behindern seine Versuche, eine eigene Lösung zu finden. Deshalb ist es wichtig, dass die Eltern ihre Meinung zurückhalten, auf Kommentare und Belehrungen verzichten und das Kind ungehindert reden lassen. Damit beweisen sie Respekt und Wertschätzung, denn sie signalisieren ihrem Kind: »Ich traue dir zu, dass du selbst eine Lösung für dein Problem findest.« Mehr noch, sie geben ihm die Chance, im Lauf des Erzählens tatsächlich eigene Lösungswege zu entdecken.

Expertentipp: Aktives Zuhören mit Postkarten

Um das aktive Zuhören effektiv zu üben, empfiehlt die Pädagogin und Mediatorin Christa D. Schäfer[3] folgende Übung:

Legen Sie ein paar Postkarten mit aussagekräftigen Bildern und/ oder Sprüchen auf dem Tisch aus und bitten Sie einen Übungspartner, sich eine Karte auszusuchen, die ihn am meisten anspricht.

Fragen Sie Ihren Partner, warum er diese Karte ausgewählt hat, und führen Sie mit ihm darüber ein Gespräch. Dabei sollten Sie genau darauf achten, die Regeln des aktiven Zuhörens einzuhalten.

Lassen Sie sich von Ihrem Partner rückmelden, wie er Ihr Gesprächsverhalten erlebt hat. Falls es störende Verhaltensweisen gab, wiederholen Sie die Übung und versuchen Sie, Ihre Rolle des aktiven Zuhörers zu verbessern.

Zuhören, aber nicht um jeden Preis

Aktives Zuhören bedeutet wohlgemerkt nicht, das Kind durch geschicktes Nachhaken aus der Reserve zu locken, es womöglich gar auszuhorchen. Es sollte immer der Entscheidung des Kindes überlassen bleiben, was und wie viel es erzählen möchte. Manchmal kommt es allerdings vor, dass sich das Kind trotz aller elterlichen Bemühungen gegen ein Gespräch sträubt. In solchen Fällen glauben die Eltern oft, sie hätten sich falsch verhalten, und haken nach – bis letzten Endes doch ein Verhör daraus wird. Dabei kann es durchaus sein, dass das Kind noch Zeit braucht und seine Gefühle vorerst für sich behalten will. Dieses Bedürfnis sollten die Eltern respektieren. Umgekehrt müssen die Eltern auch nicht von sich verlangen, jederzeit zum Gespräch zur Verfügung zu stehen. Wenn eine Unterredung gerade ungelegen kommt, ist es besser, auf einen passenderen Zeitpunkt zu verweisen:»Hör zu, mein Schatz, im Moment geht es leider nicht. Aber in einer Viertelstunde bin ich mit der Arbeit fertig. Dann habe ich genügend Zeit für dich!«

Vorsicht, Stolperfallen!

Dass in der Kommunikation ungewollt so manches schiefgehen kann, wissen wir alle aus Erfahrung. Oft tritt eine Störung oder Missstimmung auf, die keineswegs beabsichtigt war. Doch wenn man weiß, wo die Stolpersteine liegen, kann man sie in vielen Fällen erfolgreich meiden.

Hier ein kurzer Überblick über die häufigsten Fehler in der Eltern-Kind-Kommunikation.

Missverständliche Botschaften

Manchmal passiert es im Gespräch, dass eine Äußerung beim Nachwuchs falsch ankommt. Das kann daran liegen, dass die Botschaft nicht stimmig ist. Das heißt, die Wortwahl und die nonverbalen Signale – Tonfall, Mimik, Gestik und Körperhaltung – stimmen nicht überein. Angenommen, Ihre Erstklässlerin plagt sich mit den Hausaufgaben und Sie sagen nach einem prüfenden Blick auf ihre Schreibübung stirnrunzelnd:»Tolle Schrift!« Sie haben es ironisch gemeint, doch Ihr Kind nimmt die Bemerkung wörtlich – und ist hell empört, als Sie von ihm verlangen, die Übung zu wiederholen. Ironie ist im Erziehungsalltag generell mit Vorsicht zu gebrauchen. Denn wenn die nonverbalen Signale im Gegensatz zum Inhalt des Gesagten stehen, kann das vor allem für jüngere Kinder missverständlich sein. Größere Kinder wiederum sind sehr wohl in der Lage, eine ironische Bemerkung als solche zu erkennen, fassen diese aber – manchmal nicht zu Unrecht – leicht als Kampfansage auf.

Reizwörter am Satzanfang

Bei den Du-Botschaften kam es schon zur Sprache: In Konfliktsituationen sollte man es vermeiden, einen Satz mit »Du« zu beginnen. Das gilt insbesondere für den Satzanfang »Du musst ...«. Wer einen Satz so einleitet, provoziert Widerstand. Denn die angesprochene Person kann das leicht als Belehrung auffassen und dürfte in diesem Fall verärgert reagieren, etwa in dem Sinn: »Als ob ich das nicht selber wüsste!«

Ebenso ungünstig ist es, einen Satz mit »Aber« einzuleiten. Gerade Kinder haben die Gewohnheit, auf eine Äußerung von Mama oder Papa geradezu reflexartig mit »Aber ...« zu antworten, und alle Eltern wissen aus Erfahrung, wie sehr einen diese Art des Widerspruchs auf die Palme bringen kann. Umso mehr sollten wir darauf achten, dass wir selbst das »Aber« am Satzanfang so sparsam wie möglich gebrauchen.

Eine weitere ungünstige Satzeinleitung ist das Wort »Warum?«. Kinder wittern hinter einer Warum-Frage leicht einen Vorwurf oder ein beginnendes Verhör und reagieren dementsprechend mit Abwehr, um sich davor zu schützen.

Vorwürfe und Verallgemeinerungen

Bei Meinungsverschiedenheiten zwischen Eltern und Kindern werden häufig Vorwürfe laut – die nicht selten mit verallgemeinernden Begriffen wie »immer«, »ständig«, »andauernd«, »schon wieder«, »jedes Mal«, »nur« oder »nie« gespickt sind. Solche Formulierungen haben den Effekt, dass sie unliebsame Einzelvorfälle zu »Wiederholungstaten« aufbauschen. Deshalb sorgen Verallgemeinerungen häufig für Unmut und erzeugen beim Gegenüber Widerstand.

Bei Sätzen wie diesen ist daher Vorsicht geboten: »Du machst doch nie, was ich dir sage!« – »Du bist immer so bockig!« – »Jetzt stör mich nicht dauernd!« – »Nun sei doch nicht schon wieder beleidigt!«

Ein Wort zu wenig

Vielleicht geht es Ihnen ja wie vielen Eltern: Sie achten vorwiegend darauf, die störenden Verhaltensweisen Ihres Kindes zu korrigieren, während Sie die positiven als selbstverständlich auffassen. Dann könnte es allerdings sein, dass Sie des Öfteren versäumen, Ihrem Kind ein verdientes Lob auszusprechen. Dabei weiß jeder, wie beflügelnd ein anerkennendes Wort sein kann – und wie frustrierend es ist, wenn das erhoffte Lob ausbleibt.

Versuchen Sie deshalb, den Blickwinkel zu verändern. Achten Sie für eine Weile ganz bewusst darauf, erfreuliche Dinge lobend zu kommentieren. Dass das Kind sich morgens pünktlich auf den Schulweg macht, dass es ohne Ermahnungen seine Hausaufgaben erledigt oder vor dem Schlafengehen von selbst daran denkt, sich die Zähne zu putzen, all diese Dinge mögen in Ihren Augen vielleicht Selbstverständlichkeiten sein, für Ihr Kind hingegen noch lange nicht. Umso mehr wird es seine Bemühungen verstärken, wenn Sie ihm durch ein Lob rückmelden, dass Sie diese zu schätzen wissen.

Ein Wort zu viel

Umgekehrt kann es in manchen Fällen besser sein, sich mit kritischen Bemerkungen zurückzuhalten. Über kleine Marotten und Missgeschicke, die jedem mal passieren können, sollten Sie ruhig hinwegsehen. Auch ein leicht störendes Verhalten muss nicht in jedem Fall beanstandet werden, solange Sie es für halbwegs tolerabel halten. Denn je öfter Sie Ihr Kind für Kleinigkeiten zurechtweisen, desto eher wird es seine Ohren verschließen und sich Ihren Ermahnungen gegenüber taub stellen.

Am besten halten Sie es bei der Kritik an Ihrem Kind mit dem Grundsatz:»Alles, was du sagst, sollte zutreffen, aber nicht alles, was zutrifft, muss gesagt werden.«

Falscher Ort, falsche Zeit

Sollten Sie allerdings einen berechtigten Grund sehen, bei Ihrem Kind etwas zu beanstanden, achten Sie besonders darauf, wo und wann Sie Ihre Kritik anbringen: möglichst unter vier Augen und in ruhiger Atmosphäre.

Reden dagegen beide Eltern gleichzeitig auf das Kind ein oder wird es gar vor versammelter Verwandtschaft gerügt, stehen die Aussichten denkbar schlecht, es zur Einsicht zu bringen. Verständlich, denn wer will schon vor anderen Leuten sein Gesicht verlieren?

Zögern Sie bei wirklich störendem Verhalten Ihres Kindes eine Aussprache auch nicht zu lange hinaus. Sonst besteht einerseits die Gefahr, dass sich das Verhalten des Kindes einschleift. Andererseits stauen sich bei Ihnen womöglich Frust und Ärger an, die sich bei entsprechendem Anlass vehement entladen können. Das kann der Beziehung zwischen Ihnen und Ihrem Kind schaden oder erschwert zumindest die Chance, zu einer einvernehmlichen Lösung zu kommen.

Der verflixte Antwortreflex

Stellen Sie sich vor, Ihr Nachwuchs überrascht Sie mit einer Frage wie dieser: »Warum bekomme ich eigentlich so wenig Taschengeld? Alle anderen in meiner Klasse bekommen viel mehr.« Was antworten Sie ihm?

Möglicherweise geht es Ihnen in einer solchen Situation wie vielen anderen Eltern: Sie versuchen, sofort eine plausible Begründung vorzubringen, um Ihren Standpunkt zur Taschengeldregelung zu rechtfertigen. Doch vielleicht bringt Sie das erst recht in Erklärungsnot. Denn bevor Sie Ihre Ausführungen beendet haben, setzt Ihr Nachwuchs noch eins drauf: »Ist es dir eigentlich egal, wenn ich in der Schule von allen ausgelacht werde?« Nein, natürlich ist Ihnen das nicht egal – das möchten Sie Ihrem Kind auch sofort versichern ...

Besser, Sie lassen es bleiben. Noch besser, Sie lassen es gar nicht erst zu dieser Frage kommen. Das gelingt Ihnen jedoch nur, sofern Sie Ihren Antwortreflex schon bei der ersten Frage in den Griff bekommen.

Der Antwortreflex ist ein Verhalten, das uns in der Regel schon als Kindern beigebracht wurde. Die Höflichkeit gebietet es uns nun einmal, Fragen zu beantworten. Allerdings wird der Antwortreflex häufig ausgenutzt, um uns zu überrumpeln und damit zu einer bestimmten Reaktion zu zwingen. Das kommt im Berufsleben ebenso vor wie im Familienalltag. Vor allem Kinder können großes Geschick darin entwickeln, ihre Eltern mit unerwarteten Fragen zu irritieren.

Trainieren Sie deshalb, Ihren Antwortreflex auszuschalten. Das geht, indem Sie auf eine Frage mit einer Gegenfrage antworten. Etwa so: »Haben wir dieses Thema nicht schon ausführlich besprochen?« Eine weitere Möglichkeit wäre, auf einen späteren Zeitpunkt zu verweisen: »Darüber muss ich mir erst einmal selbst Gedanken machen. Lass uns das heute Abend in Ruhe besprechen.«

2. Die Rolle von Gefühlen

Wenn zwischen zwei Menschen ein Konflikt ausbricht, sind immer Gefühle im Spiel, mitunter sehr heftige: Ärger, Wut, Neid, Enttäuschung, Scham, Schuldgefühle. Oft entstehen solche Gefühle ganz unvermittelt, innerhalb von Sekunden. Plötzlich tritt eine Situation ein, auf die wir nicht vorbereitet waren. Diese Situation weckt in uns bestimmte Gedanken (zum Beispiel die Erinnerung an frühere ähnliche Erlebnisse), die wiederum bestimmte Gefühle auslösen. Je heftiger diese Gefühle sind, desto eher kann das dazu führen, dass wir plötzlich die Beherrschung verlieren. Der erste Gedanke, den die aufgetretene Situation bei uns ausgelöst hat, spielt also im beschriebenen Ablauf eine entscheidende Rolle. Wenn es uns gelingt, uns diesen Gedanken bewusst zu machen, können wir unter Umständen verhindern, dass unsere Gefühle außer Kontrolle geraten.

Hören mit vier Ohren: So entstehen Missverständnisse

Die Gedanken oder Vorstellungen, die in einer Situation als erste in unserem Kopf auftauchen, müssen nicht immer zutreffen; sie können auch auf einem Missverständnis beruhen. Der Kommunikationspsychologe Friedemann Schulz von Thun hat dazu eine interessante Erkenntnis geliefert: Missverständnisse – und daraus erwachsende Missstimmungen – entstehen oft durch einseitige »Hörgewohnheiten«. In seinem Buch »Miteinander reden – Störungen und Klärungen« zeichnet Schulz von Thun das Bild eines Menschen mit vier Ohren, von denen jedes aus einer Äußerung etwas anderes heraushört: Das Sachohr hört den sachlichen Inhalt der Botschaft, das Beziehungsohr eine persönliche Bewertung, das Selbstoffenbarungsohr einen Hinweis auf die momentane Situation oder Verfassung des Sprechers, der Sprecherin und das Appellohr einen Wunsch oder eine Aufforderung.[4]

Nehmen wir an, Ihr Kind sagt zu Ihnen: »Du hast mir heute kein Pausenbrot für die Schule eingepackt.« Mit Ihrem Sachohr würden Sie zur Kenntnis nehmen, dass Ihr Nachwuchs in der Schule heute nichts zu essen dabeihatte. Mit Ihrem Beziehungsohr würden Sie der Äußerung entnehmen, dass Ihr Nachwuchs Zweifel an Ihrer fürsorglichen Zuwendung hegt, in der Art:»Es ist dir wohl egal, ob es mir gut geht oder nicht.« Das Selbstoffenbarungsohr würde Ihnen vergegenwärtigen, dass Ihrem Kind in der Schule der Magen geknurrt hat. Und das Appellohr würde Ihnen den unausgesprochenen Wunsch des Kindes übermitteln:»Denk bitte in Zukunft immer daran, mir ein Pausenbrot in die Schule mitzugeben.«

Beziehung auf dem Prüfstand
Welche der vier Botschaften beim Empfänger in erster Linie ankommt, ist natürlich von Mensch zu Mensch verschieden. Bei Frauen (Müttern) scheint jedoch sehr häufig das Beziehungsohr den Ausschlag zu geben. Das heißt, dass sie aus einer Äußerung schnell einen Vorwurf heraushören und darauf mit einem schlechten Gewissen oder einer Rechtfertigung reagieren, etwa auf folgende zwei Arten:

»Mama, ich kann mein gelbes T-Shirt nirgends finden!« –»Oje, mein Schatz, das liegt noch in der Wäsche. Es tut mir leid, ich wusste ja nicht, dass du es heute unbedingt brauchst!« Oder:»Hör zu, ich habe alle Hände voll zu tun und kann mich nicht um alles kümmern. Du wirst doch wohl deine Sachen selbst in Ordnung halten können!«

Besonders hilfreich ist weder die eine noch die andere Reaktion. Denn wenn das Kind das schlechte Gewissen der Mutter bemerkt, könnte es sich dazu verleiten lassen, die Mutter für seine Zwecke einzuspannen – anstatt die Verantwortung für seine Sachen selbst zu übernehmen. Die rechtfertigende Antwort der Mutter wiederum könnte es als Gleichgültigkeit auffassen:»Deine Bedürfnisse interessieren mich nicht.«

Dieses alltägliche Beispiel zeigt, welche unterschiedlichen Wirkungen einseitiges Hören hervorrufen kann. Für uns Eltern ist es daher hilfreich, sich die»vier Ohren« immer wieder bewusst zu machen und daran zu denken, dass jede Äußerung auch andere Interpretationen zulässt als diejenige, die wir mit unserem»Vorzugsohr« gewählt haben.

Um auf das obige Beispiel zurückzukommen: Die Äußerung des Kindes lässt sich abgesehen von der Beziehungsebene auch auf anderen Ebenen interpretieren. Zum Beispiel auf der Sachebene:»Ich kann mein T-Shirt nicht finden (weißt du vielleicht, wo es ist?).« Hierauf genügt als Antwort ein schlichtes:»Ich weiß (leider auch nicht), wo es ist.« Genauso gut möglich ist die Interpretation auf der Selbstoffenbarungsebene:»Ich kann mein T-Shirt nicht finden (und bräuchte es gerade jetzt so dringend).« Hier wäre ein verständnisvolles, aber nicht schuldbewusstes »Das tut mir leid für dich« eine angemessene Antwort.

Wichtig: Kinder wollen sich zugehörig fühlen

Eines ist für die Eltern-Kind-Kommunikation besonders wichtig zu wissen: Auch Kinder hören bevorzugt auf dem Beziehungsohr! Das heißt, dass bestimmte (vor allem kritisierende) Äußerungen der Eltern bei ihnen sehr schnell zu Zweifeln und Ängsten führen können: Ist Papa böse auf mich? – Hat mich Mama noch lieb?

Wenn Sie bei Ihrem Nachwuchs Anlass zur Kritik sehen, sollten Sie deshalb immer sorgsam darauf achten, dass Sie nur das (Fehl-)Verhalten Ihres Kindes beanstanden, niemals aber seine Persönlichkeit infrage stellen. Kinder brauchen mehr als alles andere die Bestätigung: »Meine Eltern lieben mich, so wie ich bin – auch wenn ich Fehler mache.« Das Gefühl der Zugehörigkeit ist für ihre Entwicklung enorm wichtig. Vermeiden Sie deshalb herabsetzende Du-Botschaften wie diese: »Du bist so was von ungezogen!« Oder: »Du bringst mich zur Verzweiflung!«

Appellohr auf Empfang

Noch eines der vier Ohren scheint vor allem bei Müttern stark ausgeprägt zu sein: das Appellohr. So wittern sie hinter einer Bemerkung ihres Kindes oft vorschnell eine Bitte um Hilfe und reagieren entsprechend: »Verflixt, der dumme Reißverschluss klemmt schon wieder!« – »Komm her, mein Schatz, das haben wir gleich!« Oder: »Die Hausaufgaben in Mathe sind heute richtig fies!« – »Zeig mal her, das werden wir schon hinkriegen!«

So gut die Hilfsbereitschaft gemeint ist, dem Kind ist damit kein Gefallen getan. Kinder müssen lernen, ihre Schwierigkeiten selbst zu überwinden. Wer einem Kind alle Probleme abnimmt, erzieht es zur Hilflosigkeit und nimmt ihm ungewollt so manches Erfolgserlebnis. Letzteres führt zu Frustgefühlen und kann gerade dadurch Konflikte verursachen, anstatt sie zu vermeiden, wie es durch die Hilfestellung eigentlich beabsichtigt war.

Entmutigung – ein Nährboden für Konflikte

Kinder brauchen das Gefühl der Zugehörigkeit, das kam eben schon zur Sprache. Mehr als alles andere brauchen sie das Gefühl, zu ihren Eltern beziehungsweise ihrer Familie zu gehören. Wenn einem Kind dieses Gefühl verloren geht, etwa weil es sich wegen wiederholten Fehlverhaltens von den Eltern zurückgewiesen fühlt, kann es das als sehr entmutigend empfinden. Es entwickelt dann falsche Strategien, um seine Zugehörigkeit zurückzugewinnen. Rudolf Dreikurs nennt solche Notlösungen die »vier irrtümlichen Nahziele«[5]. Sie lassen sich an folgenden Merkmalen festmachen:

Das Kind versucht, durch störendes Verhalten Aufmerksamkeit zu bekommen; es nimmt dafür selbst negative Aufmerksamkeit durch Schimpfen und Strafen in Kauf.

Das Kind provoziert seine Eltern durch aufmüpfiges Verhalten oder Wutanfälle und verwickelt sie in Machtkämpfe.

Je mehr das Kind wegen seines störenden oder provokativen Verhaltens zurechtgewiesen wird, desto mehr Energie verwendet es darauf, sich für die erlittenen Verletzungen zu rächen.

Erscheint dem Kind jede Anstrengung, seine Zugehörigkeit zurückzugewinnen, als aussichtslos, resigniert es und zieht sich in scheinbare Unfähigkeit zurück.

Die Eltern fragen sich angesichts dieser Verhaltensweisen hilflos: »Was soll ich mit diesem Kind bloß machen?« Doch je mehr sie ihren Nachwuchs in die Schranken weisen, desto mehr verstärkt sich der Teufelskreis.

Der entscheidende Schritt, um die eigene Hilflosigkeit zu überwinden und dem Kind aus dem Irrgarten seiner Notlösungen herauszuhelfen, besteht darin, das Verhalten des Kindes von seiner Persönlichkeit zu trennen: »Ich habe dich sehr lieb, das weißt du, aber es war nicht in Ordnung, was du gemacht hast.« Mögen Sie ein Verhalten als noch so böse oder schlimm empfinden, Sie dürfen dem Kind niemals das Gefühl vermitteln, selbst böse oder schlimm zu sein. Sie sollten sich auch hüten, Etiketten wie »Wüterich«, »Nervensäge« oder »Lügner« zu verwenden. Das Kind übernimmt solche Etikettierungen in sein Selbstbild – sein Verhalten wird dadurch aber kein bisschen besser. Stattdessen sollten Sie Ihr Kind ermutigen, indem Sie selbst seine kleinsten Fortschritte wahrnehmen und anerkennen, dabei fest bleiben und dem Kind damit Sicherheit und die Zuversicht vermitteln: »Du schaffst es!«

Gefühle verstehen und aushalten

Stellen Sie sich einmal vor, Sie haben sich um einen attraktiven Job beworben, den Sie sich brennend gewünscht haben, sind jedoch abgewiesen worden. Tief enttäuscht erzählen Sie das einem Menschen, der Ihnen nahesteht, und bekommen von ihm die Antwort:»Na, so schlimm ist das auch wieder nicht. Dann bewirbst du dich eben woanders!« Würde das Ihren Frust nicht noch erheblich verstärken?

Auch Kinder machen manchmal die Erfahrung, dass ihre Eltern sie nach einem unerfreulichen Erlebnis mit billigen Trostworten abspeisen. Fallen sie hin und tun sich weh, bekommen sie zu hören:»Ach, das ist doch nicht so schlimm, da musst du nicht gleich weinen!« Haben sie trübe Laune, heißt es:»Nun mach mal ein fröhliches Gesicht, dann sieht die Welt gleich anders aus!« Bei solchen Reaktionen fühlen sich Kinder mit ihren Gefühlen weder verstanden noch getröstet. Es kommt sogar vor, dass Eltern die unliebsamen Gefühle ihres Kindes durch Strafandrohung zu unterbinden versuchen:»Wenn du jetzt nicht aufhörst zu jammern, kannst du die Nachspeise vergessen!«

Kinder brauchen Eltern, die ihre Gefühle verstehen und aushalten können – selbst wenn es sich um unbequeme Stimmungen und Gefühlsäußerungen handelt. So lernen sie, sich ihrer eigenen Gefühle bewusst zu werden, sie anzunehmen und sie angemessen zu äußern.

Wichtig: Emotional begabte Eltern – emotional begabte Kinder
Eltern, die auf die Gefühle ihres Kindes eingehen können, verfügen meist über ein hohes Maß an emotionaler Intelligenz. Diesen Begriff hat der US-amerikanische Psychologe Daniel Goleman in den Neunzigerjahren geprägt.[6] Er meinte damit die Fähigkeit eines Menschen, gut mit den eigenen Gefühlen und den Gefühlen anderer umzugehen. Goleman fand heraus, dass emotional begabte Eltern ein besseres Verhältnis zu ihren Kindern aufbauen, ihnen größere Zuwendung schenken und weniger Spannungen mit ihnen aushalten müssen als Eltern mit geringer emotionaler Intelligenz.

3. Kinder brauchen Grenzen

»Eines wissen alle Eltern auf der Welt: wie die Kinder anderer Leute erzogen werden sollten.« Dieser Satz der Psychoanalytikerin Alice Miller (1923–2010) trifft ins Schwarze. Tatsächlich können wir die Schwierigkeiten, die im Erziehungsalltag anderer Eltern auftauchen, normalerweise viel leichter einschätzen als unsere eigenen. Das liegt zum einen daran, dass Probleme und Konflikte aus einer gewissen Distanz tatsächlich besser zu durchschauen sind. Zum anderen ist es nun einmal einfacher, sich mit den Schwierigkeiten anderer zu beschäftigen, als sich den eigenen Herausforderungen zu stellen.

Doch den »hauseigenen« Konflikten auszuweichen nützt auf Dauer wenig. Besser also, wir lernen beizeiten, mit ihnen umzugehen, bevor sie uns eines Tages womöglich über den Kopf wachsen. Dazu gehört vor allem, dass wir unseren Kindern klare Grenzen setzen, wenn sie sich ungehörig verhalten.

Nein sagen – freundlich, aber bestimmt

Eine Schwierigkeit, die viele Eltern kennen, ist, den unangemessenen Bitten ihres Kindes ein klares, überzeugendes Nein entgegenzusetzen. Dafür gibt es im Wesentlichen zwei Gründe: Zum einen bereitet es den Eltern ein schlechtes Gewissen, dem Kind einen Wunsch abzuschlagen. Zum anderen befürchten sie, das Kind könnte wütend werden, wenn es seinen Willen nicht bekommt.

Dabei hat ein klares Nein keineswegs etwas mit Härte oder Herzlosigkeit zu tun. In vielen Fällen ist ein Nein nicht nur berechtigt, sondern sogar notwendig – etwa wenn der zwölfjährige Junior ein Computerspiel für Erwachsene spielen möchte. Doch auch in weniger zwingenden Fällen empfiehlt es sich, ein berechtigtes Nein klipp und klar auszusprechen und dazu zu stehen. Angenommen, Ihr Kind plagt sich mit einer Bastelarbeit, die es als Hausaufgabe aufbekommen hat, und überrascht Sie plötzlich mit der Frage: »Kannst du das bitte für mich fertig machen? Das ist so viel Arbeit, ich kann nicht mehr!«

Hier gibt es eine Reihe von typischen Elternreaktionen, die alle denselben Zweck verfolgen: der Frage auszuweichen und ein klares Nein zu vermeiden. Beispielsweise diese:

»Meinst du nicht, dass du das selber fertig machen kannst? So viel ist es doch gar nicht mehr!« Hier wird die Frage mit einer vorsichtigen Gegenfrage beantwortet. Das Kind hört aus der Antwort – und dem vermutlich unsicheren Tonfall – die Befürchtung heraus: »Wahrscheinlich bist du mir böse, wenn ich Nein sage!« – und wird mit Sicherheit so lange nachhaken, bis es sein Ziel erreicht hat.

»Hör mal, gleich kommt deine Lieblingssendung im Fernsehen. Wenn du schnell bist, wirst du noch rechtzeitig fertig.« Der ablenkende Hinweis hat leider den Effekt, dass sich das Kind mit seiner Bitte nicht ernst genommen fühlt.

»Herrje, als ob ich nicht schon selber genug Arbeit hätte!« In gereiztem Tonfall geäußert, kommt der Satz beim Kind unweigerlich als Vorwurf an: »Mit dir hat man nichts als Stress und Mühe!«

An den drei Beispielen sieht man: Ausweichende Antworten bringen nichts. Sie führen höchstens zu neuen unliebsamen Reaktionen des Kindes. Da ist es doch allemal besser, dem Kind durch ein eindeutiges Nein zu zeigen: »Ich traue dir zu, dass du mit dieser Antwort fertig wirst.«

Und so könnte ein überzeugendes Eltern-Nein klingen: »Nein, mein Schatz, das ist deine Hausaufgabe, nicht meine. Aber wenn du willst, kannst du eine Pause machen und dich ein wenig ausruhen.« Bei dieser Antwort fühlt sich Ihr Kind mit seiner Bitte ernst genommen – denn Sie ziehen seine Müdigkeit nicht in Zweifel – und weiß trotzdem genau, woran es ist.

Vorsicht, Machtkampf!

Nun kann es natürlich immer passieren, dass ein elterliches Nein zwar klar und deutlich geäußert wird, aber beim Kind trotzdem auf Widerstand stößt. Wenn dem Nachwuchs zum Beispiel eine Bitte besonders wichtig ist, wird er wahrscheinlich nicht bereit sein, schon nach dem ersten Versuch aufzugeben. Viel eher wird er alle Register ziehen, um seiner Bitte (oder Forderung) mehr Nachdruck zu verleihen – etwa durch Jammern, Quengeln, Schimpfen, Schreien, Randalieren …

Das sind wiederum Verhaltensweisen, die Eltern leicht auf die Palme bringen und sie ihrerseits zu schärferen Mitteln greifen lassen. Im Nu entspinnt sich auf diese Weise ein Machtkampf – der eine Lösung des Konflikts meist in weite Ferne rückt. Denn bei einem Machtkampf gibt es nur Sieger und Verlierer. Setzen sich die Eltern durch, so geschieht das meist durch Androhung von Strafe; und damit erringen sie nur einen Scheinsieg. Mehr noch, sie müssen damit rechnen, dass ihr Kind beim nächsten Konflikt seinen Widerstand verstärkt, um die Eltern mürbe zu machen und den Machtkampf diesmal zu gewinnen. Deshalb ist es ratsam, aus einer Auseinandersetzung auszusteigen, bevor sie zu einem Machtkampf ausartet. Wie das geht, erfahren Sie im Abschnitt »Störungen stoppen – auf eins, zwei drei« weiter unten in diesem Kapitel.

Doch kindlicher Widerstand ist nicht die einzige Art, einen Machtkampf in Gang zu bringen. Eine weitere, viel subtilere Form der Machtausübung ist demonstrative Hilflosigkeit. Reagiert das Kind bei den geringsten Anforderungen mit dem Standardsatz »Das kann ich nicht!«, so sollten die Eltern einmal nachprüfen: Kann es die Aufgabe tatsächlich nicht allein bewältigen? Falls ja, braucht das Kind Ermutigung, es (eventuell mit Unterstützung) so lange zu versuchen, bis es klappt. Handelt es sich dagegen um eine Aufgabe, mit der das Kind ohne Weiteres fertigwird, solange die Eltern nicht im Spiel sind, so liegt die Ursache woanders. Dann versucht das Kind mit seiner vermeintlichen Hilflosigkeit, von den Eltern Zuwendung zu erzwingen, auf die Art: »Beweise mir, dass du mich liebst – indem du mir zu Diensten bist.«

Auf solche Machtspielchen sollten sich die Eltern besser nicht einlassen. Sie tun ihrem Nachwuchs jedenfalls keinen Gefallen, wenn sie ihm jeden Handgriff abnehmen, sondern behindern das Kind vielmehr in seinen Möglichkeiten, seine eigenen Fähigkeiten zu entfalten. Hier ist es besser, die Bitte um Hilfe freundlich, aber klar abzulehnen: »Das schaffst du, da bin ich sicher!«

Tipp: Trainieren Sie Ihre Schlagfertigkeit

So eigenartig es klingen mag, hin und wieder kann im Erziehungsalltag eine schlagfertige Reaktion sehr nützlich sein – sofern der Begriff nicht wörtlich genommen wird. In »Schlagfertigkeit« steckt zwar das Wort »schlagen«, doch es geht selbstverständlich nicht darum, dem Nachwuchs einen verbalen Schwinger zu versetzen, sondern ihm durch eine unerwartete, möglichst humorvolle Antwort den Wind aus den Segeln zu nehmen. Behauptet das Kind zum Beispiel, dass seine schlechten Noten in Mathe nicht von zu wenig Üben kommen, sondern nur davon, dass der Lehrer nicht richtig erklären kann, so könnten Sie ihm sicher einen ellenlangen Vortrag über den Sinn und Nutzen des Lernens halten. Jede Wette, dass das Kind seine Ohren dann auf Durchzug stellt. Wie wäre es dagegen mit dem Kommentar: »Wenn ich dir jetzt recht gebe, liegen wir beide falsch.« Damit zeigen Sie Ihrem Nachwuchs, dass Sie seine Ausreden nicht gelten lassen, und vermeiden es trotzdem, sich in fruchtlose Diskussionen zu verstricken.

Schlagfertigkeit ist keineswegs eine Fähigkeit, über die nur entsprechend Begabte verfügen. Mit ein bisschen Übung lässt sie sich zumindest teilweise erlernen. Das ist vor allem dann hilfreich, wenn das Kind versucht, Sie mit einer gezielten Attacke – meist in Form einer Du-Botschaft – schachmatt zu setzen. Nicht alle Schlagfertigkeitstechniken eignen sich für den Erziehungsalltag. Das gilt besonders für sarkastische oder verletzende Gegenangriffe (Kind: »Du bist wirklich ein Ekel!« – Mutter/Vater: »Na, dann passen wir ja bestens zusammen!«).

Die folgenden fünf Techniken hingegen können Sie bedenkenlos anwenden:

- Stimmen Sie dem Vorwurf Ihres Kindes unerwartet zu. Damit lassen Sie seinen Angriff ins Leere laufen:
  »Du nervst!« – »Ja doch, darin bin ich Weltmeisterin!«
  »Du bist echt ätzend!« – »Klar, das ist mein Markenzeichen!«
- Etikettieren Sie die Vorwürfe Ihres Kindes um – indem Sie ihnen eine positive Bedeutung geben:
  »Du bist so was von gemein!« – »Wenn gemein bedeutet, dass ich keine Ausreden gelten lasse, ja, dann bin ich gemein.«
  »Du bist eine richtige Spaßbremse!« – »Wenn Spaßbremse bedeutet, dass ich keine Randale dulde, okay, dann bin ich eine Spaßbremse.«
- Auch richtiges Neinsagen ist eine Technik der Schlagfertigkeit. Bringen Sie ein notwendiges Nein ohne Zögern zum Ausdruck und machen Sie deutlich, dass Sie darüber nicht diskutieren werden:
  »Kannst du mich heute ein allerletztes Mal zum Nachmittagsunterricht fahren?« – »Nein, ich brauche jetzt dringend eine Ruhepause.«
  »Ich muss gleich aus dem Haus, kannst du mir mal schnell ein Pausenbrot machen?« – »Tut mir leid, ich habe es genauso eilig wie du.«
- Stellen Sie eine Gegenfrage:
  »Kannst du nicht mal ein bisschen netter zu mir sein?« – »Was gefällt dir denn nicht an meinem Verhalten?«
  »Warum bist du nicht so cool wie Lisas Mama?« – »Was sollte ich denn deiner Meinung nach anders machen?«

- Reagieren Sie mit einer Anerkennung:
»Du hilfst mir überhaupt nicht, wie fies!« –»Na, ich sehe doch, dass du ohne mich wunderbar zurechtkommst. Bravo!«
»Dein Kuchen schmeckt echt ätzend, da müsste Schokolade rein«! –»Gute Idee, danke für den Tipp!«

Störungen stoppen – auf eins, zwei, drei

Zurück zu den Machtkämpfen: Wie gesagt, es kann schnell passieren, dass sich Eltern von ihrem Kind in einen Machtkampf verwickeln lassen. Die Vorstufe sind dabei oft fruchtlose Diskussionen, die ganz harmlos beginnen können. Das Kind fragt zum Beispiel: »Mama, darf ich mit Miri noch kurz zur Eisdiele gehen?« Die Mutter antwortet: »Nein, mein Liebes, wir essen gleich zu Abend!« – »Aber Miri wartet auf mich. Bitte!« – »Hörst du nicht? Ich sagte Nein!« – »Mama, das ist gemein – ich kann doch Miri nicht einfach warten lassen!« – »Gemein ist das gar nicht, dann hättest du dich eben nicht mit ihr verabreden sollen.« – »Jetzt sag doch wenigstens ein Mal Ja! Immer musst du mir den Spaß verderben ...« – In diesem Stil geht es weiter, bis es der Mutter zu viel wird: »Schluss jetzt!«, schreit sie. »Wenn du nicht sofort aufhörst zu quengeln, brauchst du dich mit Miri überhaupt nicht mehr zu verabreden!«

Gibt es wirklich kein besseres Mittel als Schreien und leere Drohungen, um das Gequengel des Kindes zu stoppen? Die gute Nachricht: Doch, das gibt es! Es handelt sich dabei um eine Methode, die der amerikanische Psychologe Thomas W. Phelan unter dem Namen »1-2-3-Magic« in den Achtzigerjahren entwickelt hat.[7] Mit der 1-2-3-Methode lässt sich störendes Verhalten von Kindern ganz einfach durch Auszählen stoppen. Das würde im vorigen Beispiel etwa so aussehen:

»Mama, darf ich mit Miri noch kurz zur Eisdiele gehen?« – »Nein, mein Liebes, wir essen gleich zu Abend!« – »Aber Miri wartet auf mich. Bitte!« – Die Mutter hebt die Hand, streckt einen Finger nach oben und sagt nur: »Eins!«, weiter nichts. Vielleicht versucht die Tochter es weiter: »Ich kann doch Miri nicht einfach warten lassen!« – Die Mutter streckt noch einen Finger aus und sagt: »Zwei!« Hört die Tochter nicht auf zu quengeln, streckt die Mutter den dritten Finger aus und sagt: »Drei! Zehn Minuten Auszeit!« Das Kind soll nun für zehn Minuten auf sein Zimmer gehen. Das Thema ist beendet und wird nach der Auszeit nicht wieder angeschnitten.

»Und das soll funktionieren?«, werden Sie sich jetzt vielleicht fragen. Es funktioniert – allerdings nur unter bestimmten Voraussetzungen. Zunächst einmal geht es bei der 1-2-3-Methode ausschließlich darum, störendes Verhalten zu stoppen, beispielsweise Meckern, Spotten, Schlagen oder Randalieren. Es geht nicht darum, das Kind zu einem erwünschten Verhalten wie Aufräumen oder Hausaufgabenmachen zu veranlassen. Denn solche Pflichten lassen sich gewöhnlich nicht auf Eins-zwei-drei erledigen, sondern erfordern Zeit, Ausdauer und Motivation. Zweitens muss die Methode vorab mit dem Kind besprochen werden. Es soll wissen, welchen Sinn und Zweck das Auszählen hat (nämlich Streit und Machtkämpfe zu vermeiden) und dass die Auszeit keine Strafe bedeutet. Drittens sollte die Methode konsequent eingesetzt werden, nicht nur sporadisch. Und viertens müssen Eltern die Selbstdisziplin aufbringen, sich auf das Auszählen zu beschränken und auf jede weitere Diskussion mit dem Kind zu verzichten.

Sind diese Voraussetzungen erfüllt, haben Sie ein wunderbares Mittel in der Hand, den unliebsamen Verhaltensweisen Ihres Kindes Grenzen zu setzen.

Was tun, wenn ein Streit eskaliert ist?

Die meisten Eltern wissen natürlich nur zu gut, dass sie weder mit Machtkämpfen noch mit endlosen Diskussionen bei ihrem Kind viel erreichen können. Eine souveräne, freundliche und gelassene Haltung, mit der man positive Grenzen setzt, können sie jedoch auch nicht immer aufbringen. Denn selbst die größte Geduld hat ihre Grenzen, und wenn die Nerven der Mutter oder des Vaters wegen vielseitiger Belastungen einmal blank liegen, kann schon eine kleine Provokation des Kindes genügen, um einen Konflikt eskalieren zu lassen.

Entschuldigen – aber richtig!

Was können Sie nun tun, wenn Sie in einer Konfliktsituation unversehens die Beherrschung verloren und Ihr Kind beispielsweise durch massives Anschreien gedemütigt und verletzt haben? In diesem Fall nützt es nichts, sich im stillen Winkel in Selbstvorwürfe zu verstricken; hier hilft nur eine aufrichtige Entschuldigung. Warten Sie damit nicht allzu lange, womöglich in der Hoffnung, dass irgendwann Gras über die Angelegenheit wachsen wird. Falls Sie Ihr Kind wirklich verletzt haben, wird es die

Sache nicht so einfach vergessen können. Überfallen Sie Ihr Kind aber auch nicht mit Ihrer Entschuldigung, um die Sache möglichst rasch hinter sich zu bringen. Ein paar hingehaspelte Worte zwischen Tür und Angel (»Vergiss es, war nicht so gemeint!«) können, statt Versöhnung zu stiften, unter Umständen noch größeren Frust verursachen. Entschuldigen Sie sich persönlich, nicht schriftlich. Nur wenn Ihr Kind eine Aussprache ablehnt (etwa weil es fürchtet, im Gespräch erneut den Kürzeren zu ziehen), sollten Sie ein paar Zeilen schreiben. Machen Sie ihm deutlich, dass es Ihnen um Versöhnung geht, nicht um ein neuerliches Wortgefecht. Zum Beispiel so: »Es tut mir sehr leid, wie ich mich verhalten habe. Bitte lass uns darüber reden.«

Erklären Sie Ihrem Kind in der Aussprache, wie es zu Ihrem heftigen Verhalten gekommen ist, beispielsweise so: »Ich war den ganzen Tag schon furchtbar genervt, weil so vieles schiefgegangen ist. Und als wir beide dann noch aneinandergeraten sind, habe ich plötzlich die Nerven verloren ...« Flüchten Sie sich bei Ihrer Erklärung jedoch nicht in Ausreden und versuchen Sie nicht, Ihren Fehler herunterzuspielen. Sagen Sie Ihrem Kind aufrichtig, wie sehr Ihnen der Vorfall leidtut. Nur eine ehrliche Entschuldigung kann den entstandenen Schaden wiedergutmachen.

Tipp: Finden Sie den richtigen Zeitpunkt für eine Aussprache
Falls Sie nach einer Auseinandersetzung mit Ihrem Nachwuchs unsicher sind, ob Sie genügend Abstand haben, um wieder sachlich mit Ihrem Kind sprechen zu können, prüfen Sie Ihre Gefühle: Hat sich Ihr innerer Aufruhr wirklich gelegt oder ist er durch eine Kleinigkeit wieder anzufachen? Dürsten Sie nach Genugtuung? Drängt es Sie, einmal ausgiebig auf Ihre schwierige Elternrolle hinzuweisen, Ihrem Kind deutlich zu machen: »Was tue ich doch alles für dich, und dich interessiert das nicht einmal ...«? In diesem Fall sollten Sie das Gespräch vorerst bleiben lassen. Sonst besteht die Gefahr, dass Sie zu weit ausholen, um endlich loszuwerden, was Sie »immer schon sagen« wollten. Und im Nu sind Sie wieder dabei, Ihrem Nachwuchs Vorhaltungen zu machen. Damit handeln Sie sich nur erneuten Widerstand ein.

Wie reden wir denn miteinander?
Nun gibt es neben solchen einmaligen Streitsituationen auch Eltern-Kind-Konflikte, die immer wieder auftauchen und jedes Mal in ähnlicher Art und Weise ablaufen. Falls Sie bemerken, dass das auf die Bezie-

hung zu Ihrem Kind zutrifft, sollten Sie eine besondere Form der Aussprache wählen: die sogenannte »Metakommunikation«.

Dieser Begriff bedeutet übersetzt so viel wie »über die Kommunikation sprechen«. Es geht darum, sich in einem entspannten und konfliktfreien Moment darüber auszutauschen, wie man generell in wiederkehrenden Streitsituationen miteinander redet und umgeht.

Überlegen Sie bei einem solchen Gespräch gemeinsam mit Ihrem Kind: In welchen Situationen lädt sich die Stimmung zwischen uns häufig auf? Welche Worte fallen dabei besonders oft – gibt es bestimmte Reizwörter? Tauschen Sie sich dann über Ihre Motive aus: Was geht in jedem von uns vor, wenn wir miteinander streiten? Was wollen wir mit unserem Verhalten bezwecken?

Auf diese Weise geben Sie einander die Möglichkeit, sich in die Lage des jeweils anderen hineinzuversetzen und seine Gefühle und Motive zu verstehen. Sie können sich gegenseitig auch Anregungen geben: »Du kannst dein Ziel besser erreichen, wenn du dich so oder so verhältst ...« Auf dieser Grundlage kann jede Seite neue, bessere Verhaltensweisen entwickeln.

Metakommunikation ist somit nicht nur eine wunderbare Möglichkeit, vergangene Konflikte gemeinsam zu bearbeiten, sondern auch neue Konflikte im Ansatz aufzufangen.

Liebe Leserin, lieber Leser,

gerne informieren wir Sie künftig über unsere Neuerscheinungen. Teilen Sie uns mit, für welche Themen Sie sich interessieren und schicken Sie einfach diese Karte zurück.

Wenn Sie außerdem unsere Fragen auf der Rückseite beantworten, helfen Sie uns, zukünftig genau die Bücher zu machen, die SIE interessieren!

Gerne revanchieren wir uns für Ihre Mühe:
Unter allen Einsendern verlosen wir monatlich Bücher aus unseren Programmen im Wert von € 50,-

Antwort

VERLAGSGRUPPE PATMOS

Senefelderstraße 12
D-73760 Ostfildern

Ihre Meinung ist uns wichtig!

Diese Karte lag in dem Buch:

Ihre Meinung zu diesem Buch:

Wie sind Sie auf dieses Buch gestoßen?

○ Buchbesprechung in:

○ Anzeige in:

○ Verlagsprospekt

○ Entdeckung in der Buchhandlung

○ Internet

○ Empfehlung

○ Geschenk

Für welche Themen interessieren Sie sich?

○ Religion
○ Spiritualität & Lebenskunst
○ Kinder & Familie
○ Kirche & Gemeinde
○ Theologie & Religionswissenschaft

○ Garten / Kochen / Wohnen
○ Kalender & Geschenke
○ Psychologie & Lebenshilfe
○ Geschichte / Geschichtswissenschaft

Fordern Sie unsere aktuellen Themenprospekte an:
bestellungen@verlagsgruppe-patmos.de
Fax +49.711.4406-177
Tel. +49.711.4406-194

Einen Überblick unseres **Gesamtprogramms** finden Sie unter
www.verlagsgruppe-patmos.de

PATMOS
ESCHBACH
GRÜNEWALD
THORBECKE
SCHWABEN

Die Verlagsgruppe
mit Sinn für das Leben

4. Regeln aufstellen, Folgen zulassen

Familienregeln sind im häuslichen Zusammenleben genauso unerlässlich wie Spielregeln beim Mannschaftssport. Egal um welche Alltagsabläufe es geht – seien es Mahlzeiten, Haushaltspflichten oder Freizeitbeschäftigungen –, Absprachen und Regeln geben den Rahmen vor, innerhalb dessen sich das Familienleben abspielen soll. Regeln geben Kindern Halt und Orientierung.

Welche Regeln sollen gelten?

Jede Familie muss selbst bestimmen, welche Regeln in ihrem Alltag gelten sollen. Bei der Planung und Festlegung sollten die Kinder auf jeden Fall mit einbezogen werden. So lernen sie, ihren Beitrag in der Familiengemeinschaft zu leisten und Verantwortung zu übernehmen.

Selbstverständlich können nicht alle Regeln auf einmal verhandelt und festgelegt werden. Als Anhaltspunkt gilt: nicht mehr als fünf bis sechs Regeln zu einer Zeit. Hat sich nach einiger Zeit der Ablauf dann eingespielt, können weitere Regeln überlegt werden.

Im Familienalltag gibt es eine Vielzahl an Abläufen zu regeln: Wer steht morgens um welche Uhrzeit auf? Wer benutzt wann und wie lange das Badezimmer? Wer bereitet die Mahlzeiten zu? Wer deckt den Tisch? Wer ist fürs Putzen zuständig, wer für die Gartenarbeit oder für anfallende Reparaturen? Auch Regeln für Freizeit und Ruhezeiten gilt es zu vereinbaren: Spiel-, Fernseh- und Computerzeiten, die Mittagspause, die Schlafenszeiten. Nicht zuletzt gibt es Benimmregeln, die für alle gelten: Wie verhalten wir uns bei Tisch? Wie reden wir miteinander?

Durch Familienregeln lernen Kinder auch Unterschiede im Vergleich zu anderen Familien kennen. Die eine Familie erlaubt Fernsehen grundsätzlich erst, wenn die Hausaufgaben erledigt sind, die andere orientiert sich bei den TV-Zeiten am Fernsehprogramm. So entwickeln Kinder ein Wir-Gefühl: Wir machen es so, in unserer Familie gelten diese Regeln. Dieses Wir-Bewusstsein vermittelt ihnen ein Gefühl der Zugehörigkeit und Geborgenheit.

Wie setzen Eltern Familienregeln durch?

Nun kann es vorkommen, dass Kinder einzelne Familienregeln missachten, selbst wenn sie diesen vorab zugestimmt haben. Mit dieser Möglichkeit sollten Eltern immer rechnen und vorsorglich überlegen, wie sie in einem solchen Fall effektiv reagieren können.

In jedem Fall sollten die Eltern eine klare Ansage machen: »Ich möchte, dass du den Fernseher jetzt ausmachst, deine Fernsehzeit ist um.« Wenig Erfolg verspricht dagegen eine zaghafte Bitte (»Meinst du nicht, es wäre Zeit, den Fernseher auszumachen?«), ein vorsichtiger Appell (»Dieser Film ist nichts für dich, das siehst du doch ein!«) oder eine Warum-Frage (»Warum hältst du dich nicht an unsere Abmachung?«). Auch ein Verbot (»Untersteh dich, noch länger fernzusehen!«) führt meistens nicht zum gewünschten Ziel. Noch ungünstiger ist ein Befehl (»Mach sofort den Fernseher aus!«) oder eine Strafandrohung (»Wenn du den Fernseher nicht ausschaltest, bekommst du vier Wochen Hausarrest!«). Solche Sätze mögen für einen Moment wirksam sein, werden aber auf lange Sicht den Widerstand des Kindes nur verstärken.

Klare und wirkungsvolle Ansagen zeichnen sich hingegen dadurch aus, dass sie in ruhigem, festem Ton, weder unterwürfig noch autoritär, geäußert werden. Daneben können Blick- und Körperkontakt helfen, einer Aufforderung Nachdruck zu verleihen, insbesondere bei jüngeren Kindern: Die Eltern sollten mit dem Kind auf Augenhöhe gehen und es bei den Händen oder an den Schultern fassen. Sie sollten sich außerdem nach ihrer Ansage nicht vorzeitig zurückziehen, sondern warten, bis das Kind ihrer Aufforderung nachgekommen ist. Macht es dennoch keine Anstalten, der Aufforderung Folge zu leisten, können die Eltern die Ansage wiederholen, sie sollten sich jedoch auf keine Diskussion einlassen.

Wichtig: Unstimmige Botschaften kommen nicht an
Falls Sie des Öfteren die Erfahrung machen, dass Ihr Kind einer Aufforderung einfach nicht nachkommen will, könnte es daran liegen, dass Sie sich unstimmig verhalten: Ihr Tonfall, Ihre Mimik, Gestik und Körperhaltung passen nicht zu dem, was Sie sagen. Hinter einer übervorsichtigen oder einer aufgesetzt strengen Haltung erkennt das Kind Ihre Unsicherheit – mit der Folge, dass es Ihre Äußerung nicht ernst nimmt.

Kinder lernen aus den Folgen

Trotz bester Bemühungen erleben Eltern immer wieder, dass ihre Versuche, das Kind an bestimmte Regeln zu gewöhnen, scheitern. Bleibt ihnen in diesem Fall nichts anderes übrig, als das Kind zu bestrafen? Viele Eltern kommen resigniert zu diesem Schluss, wenn ihr Kind immer wieder gegen vereinbarte Regeln verstößt.

Doch es gibt eine andere, weit effektivere Möglichkeit als Strafen: Man lässt das Kind aus den Folgen seines Handelns lernen.

Natürliche Folgen treten von selbst ein

Grundsätzlich besteht ein Unterschied zwischen natürlichen und logischen Folgen. Natürliche Folgen sind solche, die von selber eintreten, ohne dass eine andere Person etwas dazutut: Wenn ein Kind beispielsweise barfuß durch den Schnee läuft, bekommt es kalte Füße. Wenn es bei feuchtem Wetter ohne Regenschutz aus dem Haus geht, wird es nass. Wenn es in Badeschlappen an einem Wettlauf teilnimmt, kann es leicht stolpern und hinfallen.

Aus solchen Folgen lernen Kinder schnell, ohne dass eine andere Person eingreifen muss. Die Eltern können sich stattdessen darauf beschränken, ihr Kind auf die möglichen Folgen hinzuweisen: »Wenn du mit diesen Schuhen einen Wettlauf machst, kannst du hinfallen und dir wehtun.« Tritt der Fall tatsächlich ein, erfährt das Kind die Folgen seines Verhaltens und weiß, dass der warnende Hinweis der Eltern kein willkürliches Verbot war.

Wichtig: Auf Kommentare verzichten

Ermöglichen Sie es Ihrem Kind, aus seinen Erfahrungen selbst zu lernen, und verzichten Sie auf tadelnde Kommentare wie: »Das wird dir hoffentlich eine Lehre sein!« oder: »Siehst du, ich habe es dir doch gesagt!« Solche Bemerkungen verhindern nur die Einsicht, denn sie lassen das Kind klein und dumm dastehen. Es wird sich umso mehr weigern, seinen Irrtum einzugestehen.

Vertrauen Sie darauf, dass sich Ihr Nachwuchs von selbst an Ihren Warnhinweis erinnert und nun die Bestätigung hat, dass es sich auf Ihre Einschätzung verlassen kann.

Logische Folgen werden herbeigeführt

Natürliche Folgen haben leider einen Nachteil: Sie bieten sich nur in wenigen Fällen an. Beim Thema Fernsehen funktionieren sie beispielsweise nicht. Eine natürliche Folge wäre hier, dass das Kind nach stundenlangem Fernsehkonsum müde und überreizt ist, vielleicht auch Kopfschmerzen hat. Doch diese Erfahrung würde es nicht zum Anlass nehmen, seinen TV-Konsum künftig von sich aus einzuschränken. Der Reiz des Fernsehens ist nun einmal wesentlich größer als die Unannehmlichkeit der natürlichen Folgen.

In solchen Fällen greifen logische Konsequenzen – die allerdings komplizierter sind. Denn im Gegensatz zu natürlichen Konsequenzen müssen sie bewusst herbeigeführt werden und erfordern deshalb ein überlegtes Vorgehen der Eltern. Um beim Thema Fernsehen zu bleiben: Hat das Kind die vereinbarte TV-Zeit überzogen oder heimlich ferngesehen, so wäre eine logische Konsequenz, dass dafür beim nächsten Mal die Fernsehzeit verkürzt wird oder der Fernseher ausgeschaltet bleibt.

Soweit möglich, sollten logische Folgen vorab mit dem Kind besprochen werden. Denn wenn das Kind von vornherein weiß, mit welchen Konsequenzen es bei abweichendem Verhalten zu rechnen hat, kann es selbst entscheiden, ob es diese in Kauf nehmen will.

Tipp: Gemeinsam eine Lösung finden

Logische Folgen zu finden, ist nicht immer einfach, vor allem wenn eine Konfliktsituation unvermittelt auftritt und keine Zeit zum Überlegen lässt. Da hat der Junior zum Beispiel aus Versehen den Fußball in Nachbars Garten geschossen und das Tulpenbeet getroffen. Was nun?

Anstatt in aller Eile eine logische Folge zu »konstruieren«, reagieren Sie hier besser mit der Frage: »Und was machen wir jetzt?« Möglicherweise werden Sie erstaunt feststellen, dass Ihr Sprössling mühelos eine passende Lösung aus dem Hut zaubert. Etwa indem er vorschlägt, neue Blumen zu kaufen und dem Nachbarn beim Einpflanzen zu helfen.

Wenn Kinder an der Lösung eines Konflikts beteiligt werden, bringen sie dabei oft viel größeres Engagement ein, als wenn sie die logische Folge ihres Fehlverhaltens nur zustimmend hinnehmen. Dabei sollte allerdings klar sein: Ob eine Lösung passend ist und umgesetzt wird, entscheiden Sie.

Was ist der Unterschied zwischen Strafe und logischer Folge?
Auf den ersten Blick mag es den Anschein haben, dass Strafen und logische Folgen in etwa das Gleiche sind. Schließlich werden logische Folgen genauso verordnet wie Hausarrest oder Taschengeldentzug. Dennoch gibt es einen eindeutigen Unterschied: Im Gegensatz zu Strafen stehen logische Konsequenzen in unmittelbarem Zusammenhang und in angemessenem Verhältnis zum Fehlverhalten des Kindes.

Ein Merkmal für logische Folgen ist die Trennung vom Streitobjekt: Hat das Kind beispielsweise mit dem Fahrrad unerlaubt eine Spritztour unternommen, so wäre es eine logische Folge, das Rad für eine gewisse Zeit wegzusperren. Eine Strafe wäre dagegen Hausarrest, da dieser mit dem Fehlverhalten nichts zu tun hat.

Ein weiteres Kennzeichen von logischen Konsequenzen ist das Wiedergutmachen eines Schadens. Falls das Kind etwas verloren hat, sollte es das Objekt möglichst ersetzen, falls es etwas beschädigt hat, den Gegenstand reparieren (oder ersetzen). Ist beides nicht möglich, sollte das Kind dem Geschädigten als Ausgleich eine Freude machen. Allerdings muss der Ersatz oder Ausgleich im angemessenen Verhältnis zum Schaden stehen, sonst würde es sich wiederum um eine Strafe handeln (etwa wenn das Kind eine verlorene Spielfigur durch ein komplettes neues Spiel ersetzen muss).

Wichtig: Warum Schimpfen und Strafen nichts nützen
Natürliche und logische Folgen sind geeignete Mittel, Kindern Grenzen zu setzen und sie zu konstruktivem Handeln anzuleiten. Für Schimpfen und Strafen gilt das nicht. Warum?

Dazu ein Beispiel: Ihr Sohn kneift seinen kleinen Bruder in den Arm. Sie schimpfen mit ihm und er hört auf. Dadurch fühlen Sie sich in Ihrem Vorgehen bestätigt. Doch bald darauf fängt das Piesacken von Neuem an. Diesmal weisen Sie Ihren Sohn mehrmals vergeblich zurecht. Als er am Ende dem Kleinen sogar einen Hieb versetzt, beschlagnahmen Sie zur Strafe seine gesamte Schokoladenration.

Was hat Ihr Sohn aus dieser Erfahrung gelernt? Um Mamas oder Papas Aufmerksamkeit zu bekommen, brauche ich nur meinen Bruder zu ärgern. Denn Schimpfen und Strafen sind eine Form der Aufmerksamkeit, wenn auch keine positive.

Kinder wollen wahrgenommen werden. Sofern sie das Gefühl haben, durch kooperatives Verhalten zu wenig Aufmerksamkeit zu bekommen, werden sie immer öfter über die Stränge schlagen, um auf diesem Weg ihr Ziel zu erreichen.

Statt Schimpfen und Strafen setzen Sie daher besser eine logische Folge ein: Wenn Ihr Sohn seinem Bruder wehgetan hat, soll er das wiedergutmachen, zum Beispiel indem er sein »Opfer« mit einer Leckerei aus seinem Süßigkeitenvorrat entschädigt.

Schluss mit dem schlechten Gewissen!

Eines haben Strafen und logische Konsequenzen dennoch gemeinsam: Das Kind empfindet sie als unangenehm oder zumindest unbequem. Deshalb mögen sich Eltern noch so faire und angemessene Konsequenzen für ein Fehlverhalten überlegen, sie können dennoch nicht ausschließen, dass das Kind mit Protest reagiert. Und je größer sein Jammern und Klagen ausfällt, desto eher stellen sich bei den Eltern Zweifel ein: Habe ich mein Kind vielleicht doch zu hart angepackt?

Hören Sie auf, das Lamento Ihres Kindes sofort als eigenes Versagen zu werten. Ein schlechtes Gewissen ist kein guter Ratgeber. Wenn Sie es geschafft haben, sich bei Ihrem Kind ohne Schimpfen und Strafen durchzusetzen, können Sie stolz darauf sein. Möglich, dass Sie noch kompetenter hätten vorgehen können, aber wer weiß das?

Niemand ist perfekt, warum sollten es ausgerechnet Eltern sein, die doch täglich ihr Bestes geben? Sie können Dinge immer nur so gut machen, wie Sie im Augenblick eben dazu in der Lage sind. Beim nächsten Mal gelingt es Ihnen vielleicht schon besser. Haben Sie den Mut zur Unvollkommenheit und die Bereitschaft dazuzulernen. Mit dieser Einstellung gewinnen Sie Optimismus und Zufriedenheit – und können Ihre Erziehungsaufgaben wesentlich gelassener angehen.

5. Mediation – die hohe Kunst des Streitschlichtens

Wir kommen zu einem Thema, das in erster Linie Eltern von zwei oder mehreren Kindern beschäftigt: Wie sollen sie vorgehen, wenn ein Konflikt zwischen zwei (Geschwister-)Kindern ausbricht und ihnen die Aufgabe der »Mediation« zufällt?

Um als Erstes den Begriff zu klären: Mediation bedeutet wörtlich übersetzt nichts anderes als Vermittlung. Es handelt sich dabei um Vermittlung zwischen zwei streitenden Parteien durch einen unparteiischen Dritten. Mediation ist ein Verfahren zur Konfliktlösung, das vor rund 50 Jahren in den USA entwickelt wurde.[8]

Das heißt selbstverständlich nicht, dass Sie als Eltern eine Ausbildung zum Mediator bzw. zur Mediatorin absolvieren müssen, um als Streitschlichter im Familienalltag auftreten zu können. Doch schon ein paar Grundkenntnisse der Mediation können Ihnen im Familienalltag sehr nützlich sein. Die wichtigsten sollen hier kurz vorgestellt werden.

Die Rolle des Streitschlichters

Wenn Sie erfolgreich als Vermittler zwischen zwei streitenden Kindern auftreten wollen, sollten Sie dafür folgende Voraussetzungen erfüllen:

1. Ihre Streitschlichterrolle sollte von beiden Kindern akzeptiert und anerkannt werden.
2. Sie sollten sich in Ihrer Rolle neutral verhalten, also weder für das eine noch für das andere Kind Partei ergreifen.
3. Sie sollten sich im Gespräch mit Bewertungen und Urteilen absolut zurückhalten.
4. Sie sollten die Interessen und Gefühle der Kinder ernst nehmen und beiden Seiten helfen, sich über diese selbst klar zu werden.
5. Falls zwischen den streitenden Parteien ein Machtungleichgewicht besteht, sollten Sie auf einen Ausgleich hinarbeiten.
6. Die Lösung des Konflikts sollten Sie in erster Linie den Kindern überlassen, Sie können ihnen aber Ihre Unterstützung anbieten.

Der Ablauf eines streitschlichtenden Gesprächs kann dann in etwa folgendermaßen aussehen:

Sie erläutern als Erstes kurz den Ablauf des Gesprächs und die geltenden Gesprächsregeln – das Gespräch wird in respektvollem Ton geführt, auf Beleidigungen und Schimpfwörter wird verzichtet – und holen dazu das Einverständnis beider Kinder ein.

Dann stellen Sie jedem Kind die Eingangsfrage: »Wie kann ich dir helfen?« Damit signalisieren Sie Ihre Bereitschaft, auf die Interessen und Bedürfnisse beider Parteien einzugehen (siehe Abschnitt »Streit schlichten« in Teil 2, Kapitel 4).

Sie fragen die Kinder nacheinander, was sich aus ihrer Sicht zugetragen hat. Sind sich diese uneinig darüber, wer zuerst erzählen darf, können Sie ein Los entscheiden lassen. Achten Sie darauf, dass beide Seiten beim Erzählen die Gesprächsregeln einhalten.

Fassen Sie die Version jedes Kindes kurz in eigenen Worten zusammen. Gehen Sie dabei auf die Gefühle, Bedürfnisse und Interessen beider Parteien ein. Fragen Sie im Zweifelsfall nach, ob Sie alles richtig verstanden haben.

Ermutigen Sie die Kinder, nach möglichen Lösungen zu suchen. Falls Sie eigene Ideen beisteuern, überlassen Sie es dennoch den Kindern, diese anzunehmen oder nicht. Prüfen Sie bei jedem Vorschlag, ob er angemessen, fair und umsetzbar ist.

Wenn es den beiden Parteien gelungen ist, sich auf eine gemeinsame Lösung zu verständigen, können Sie zum Abschluss ein kleines Friedensritual anregen, zum Beispiel einen festen Händedruck.

Offene Fragen halten das Gespräch am Laufen

Sie sehen: Als Mediator befinden Sie sich auch in der Rolle eines Moderators, der das Gespräch in möglichst günstige Bahnen lenken soll. Und genau wie ein Moderator richten Sie immer wieder Fragen mal an die eine, mal an die andere Partei, um das Gespräch am Laufen zu halten und zu einer zufriedenstellenden Lösung zu finden.

Grundsätzlich ist dabei zwischen offenen und geschlossenen Fragen zu unterscheiden. Geschlossene Fragen sind solche, die sich mit Ja oder Nein beantworten lassen. Zum Beispiel: »Hast du deinen Bruder gehauen?« Solche Fragen eignen sich nicht für ein Konfliktgespräch, weil sie wenig ergiebig sind. Sie können manchmal sogar kontraproduktiv wirken, etwa wenn der Angesprochene die Frage als Unterstellung auffasst und meint, sich verteidigen zu müssen.

Anders verhält es sich mit offenen Fragen, zu denen die bekannten »W-Fragen« gehören. Sie heißen so, weil das Fragewort mit dem Buchstaben »W« beginnt: Wer, Was, Wie, Wann, Wo? Entsprechende Fragen des Streitschlichters wären also beispielsweise: »Wer erzählt als Erster?« – »Was ist passiert?« – »Wie hast du dich dabei gefühlt?« – »Wann hast du das bemerkt?« – »Wo bist du dann hingelaufen?« Solche Fragen helfen den Kindern, den Vorfall, der zum Streit geführt hat, aus ihrer Sicht zu schildern.

W-Fragen mit »Warum« sollten Sie dagegen besser meiden. Sie klingen oft nach Vorwurf und vermitteln dem befragten Kind das Gefühl, sich rechtfertigen zu müssen. Anstelle von »Warum hast du das getan?« fragen Sie daher besser: »Was wolltest du damit erreichen?«

Sehr wichtig sind offene Fragen auch, wenn das Gespräch auf eine Lösung zusteuert. Dann sollten Sie Ihre Fragen so formulieren, dass sie den Kindern entsprechende Ideen vermitteln, ihnen jedoch keine fertigen Lösungen vorsetzen: »Was wollt ihr jetzt tun?« – »Welche Lösung fällt euch sonst noch ein?« – »Wie könnte das funktionieren?« – »Was kann dabei helfen?«

Gewaltfreie Kommunikation: die Sprache der Giraffe

Als Streitschlichter haben Sie nicht zuletzt die Aufgabe, darauf zu achten, dass Ihre Kinder im Konfliktgespräch die vorgegebenen Gesprächsregeln einhalten. Im Idealfall handelt es sich dabei um Regeln, die auf dem Prinzip der Gewaltfreien Kommunikation beruhen – einem Kommunikationsmodell, das der Amerikaner Marshall Rosenberg Ende der Sechzigerjahre entwickelte.[9] In diesem Modell gibt es zwei Protagonisten, die einander mit sehr unterschiedlichen Verhaltensweisen gegenüberstehen: der Wolf und die Giraffe.

Der Wolf steht für eine Haltung, die Konflikte schürt und die Kommunikation erheblich erschwert. Er verwendet bevorzugt anklagende und verletzende Du-Botschaften, bewertet und verurteilt andere und neigt zu Schuldzuweisungen. Eine typische Wolfsaussage wäre beispielsweise diese: »Du blöde Kuh hast schon wieder meine Malstifte mit auf dein Zimmer genommen. Du weißt genau, dass du mich vorher fragen musst. Du machst mich total wütend!«

Die Giraffe würde sich in derselben Situation ganz anders äußern: »Du hast meine Malstifte mit auf dein Zimmer genommen. Das ärgert mich, weil ich sie brauche und schon überall gesucht habe. Bitte frag mich das nächste Mal, bevor du sie mitnimmst!«

Wie man an diesem Beispiel sieht, zeichnet sich die Giraffensprache durch vier Merkmale aus:

Der Sprecher, die Sprecherin beschreibt den Vorfall in neutralen Worten (und verzichtet dabei auf eine verletzende Anrede wie »blöde Kuh«): »Du hast meine Malstifte mit auf dein Zimmer genommen ...«

Er/sie benennt das Gefühl, das dieser Vorfall bei ihm/ihr ausgelöst hat: »Das ärgert mich ...«

Er/sie sagt, welches Bedürfnis hinter diesem Gefühl steht: »... weil ich sie brauche ...«

Er/sie äußert eine mit der Situation verbundene Bitte: »Bitte frag mich das nächste Mal ...«

Nun ist es allerdings selbst für Erwachsene nicht einfach, ihre Beobachtungen neutral zu schildern und Gefühle, Bedürfnisse und Wünsche anstelle von verbalen Angriffen zu äußern, und erst recht nicht für Kinder. Deshalb sollten Sie die Giraffen- und Wolfssprache mit Ihren Kindern erst üben, wenn diese mindestens sieben oder acht Jahre alt sind. Jüngere Kinder sind damit eindeutig überfordert. Zuvor sollten Sie sich selbst mit der Gewaltfreien Kommunikation genügend vertraut gemacht haben, damit Sie deren Regeln verständlich vermitteln können.

Um Ihren Kindern die Giraffen- und Wolfssprache nahezubringen, bietet es sich an, mit einer erfundenen Konfliktsituation einzusteigen: Überlegen Sie gemeinsam mit Ihren Kindern, was der Wolf bzw. die Giraffe in dieser Auseinandersetzung sagen würden. Als Hilfsmittel können Sie zwei Handpuppen einsetzen oder den Streit im Rollenspiel nachspielen. Beachten Sie auf alle Fälle, dass Ihre Kinder beide Sprachen kennenlernen sollten – nicht nur die der Giraffe, sondern auch die des Wolfs. So lernen sie, die zwei Sprachen zu unterscheiden und in Streitsituationen fair und respektvoll miteinander umzugehen.

6. Gemeinsam entscheiden im Familienrat

In den bisherigen Kapiteln wurde gezeigt, welche Voraussetzungen erfüllt sein müssen, damit das Familienleben auf gutem Kurs bleibt. Doch selbst wenn im Allgemeinen alles in geordneten Bahnen verläuft, kann es immer mal wieder zu Meinungsverschiedenheiten kommen. Zum Beispiel, wenn sich einvernehmlich festgelegte Regeln nach einiger Zeit als unbrauchbar erweisen oder ein Familienmitglied sich gegenüber den anderen benachteiligt fühlt. In solchen Fällen hat sich eine Einrichtung bewährt, die auf den Individualpsychologen Rudolf Dreikurs zurückgeht: der Familienrat.[10] Mit diesem nützlichen Instrument können schon Kinder ab dem Vorschulalter lernen, Verantwortung in der Familie zu übernehmen, gemeinsame Entscheidungen mitzutragen und an einem demokratischen Miteinander mitzuwirken.

Bewährte Regeln für einen funktionierenden Familienrat

Familienrat bedeutet, dass die Mitglieder einer Familie in regelmäßigen Abständen zusammenkommen, um sich über familieninterne Themen auszutauschen. Dreikurs empfiehlt, den Familienrat einmal wöchentlich an einem festgelegten Tag immer zur gleichen Stunde einzuberufen. Doch die Abstände können auch größer sein, etwa alle zwei oder gar vier Wochen.

Grundsätzlich funktioniert der Familienrat nach Dreikurs auf der Basis ganz bestimmter, festgelegter Regeln, die im Folgenden kurz vorgestellt werden. Letztlich bleibt es aber jeder Familie selbst überlassen, sich genau an diese Regeln zu halten oder sie nach ihrem Bedarf abzuändern bzw. eigene Regeln aufzustellen.

Die Teilnehmer und ihre Rollen

Um einen Familienrat zu bilden, genügen wenige Teilnehmer. Im Prinzip reicht schon eine Familiengröße von zwei Personen – also ein alleinerziehender Elternteil und ein Kind. Allerdings erscheint es in diesem Fall etwas aufwändig, für eine Entscheidung eigens einen Familienrat einzuberufen. Zu zweit lassen sich Entscheidungen häufig spontan treffen, ohne vereinbarten Termin und festgelegte Gesprächsregeln.

Ab einer Familiengröße von drei Personen jedoch ist der Familienrat sehr zu empfehlen – ein Mindestalter von etwa vier Jahren bei allen Teilnehmern vorausgesetzt. Das jüngste Familienmitglied sollte jedenfalls von seinem Entwicklungsstand her in der Lage sein, sich an der Besprechung zu beteiligen und an den gemeinsamen Entscheidungen mitzuwirken. Denn im Familienrat herrscht Gleichberechtigung: Alle Mitglieder gelten als gleichwertig, unabhängig vom Alter und der Rolle innerhalb der Familie. Das heißt, dass der jüngste Teilnehmer im Familienrat genauso ernst zu nehmen ist wie der älteste und erfahrenste.

Andererseits sollte sich niemand gezwungen fühlen, am Familienrat teilzunehmen. Wer keine Lust hat, kann der Zusammenkunft ohne Weiteres fernbleiben – muss in diesem Fall jedoch akzeptieren, dass Beschlüsse ohne ihn gefasst werden.

Tipp: Geeignete Themen finden

Im Prinzip eignet sich für eine Besprechung im Familienrat jedes Thema, das die gesamte Familie und den gemeinsamen Alltagsablauf betrifft. Hier einige Beispiele:

- Haushaltspflichten: Wer soll welche Aufgaben im Haushalt übernehmen? In welchen zeitlichen Abständen sollen diese Aufgaben erledigt werden?
- Finanzen: Wo ist es möglich, Geld zu sparen, damit wir uns bald ein neues Auto leisten können? Wie viel Taschengeld soll jedes Kind, seinem Alter entsprechend, bekommen?
- Freizeitgestaltung: Was wollen wir kommendes Wochenende zusammen unternehmen? Wohin soll der nächste Urlaub gehen? Welche Fernseh- und Computerzeiten werden jedem einzelnen Kind zugestanden?
- Bestehende Konflikte: Was sorgt immer wieder für Reibereien im Alltagsablauf (beispielsweise die Reihenfolge der morgendlichen Badezimmerbenutzung oder Ruhestörung zur Schlafenszeit)?

Jede Sitzung läuft geregelt ab

Bei jeder Zusammenkunft sollte ein anderes Familienmitglied den Vorsitz führen – nicht nur die Eltern. Auch Kinder im Grundschulalter sind meist schon in der Lage, diese verantwortungsvolle Rolle zu übernehmen. Sie brauchen zwar anfangs meist noch die Anleitung eines Erwachsenen, werden dann aber bald fähig sein, mit der Aufgabe allein fertigzuwerden.

Der oder die Vorsitzende hat dafür zu sorgen, dass die Gesprächsregeln eingehalten werden und die Zusammenkunft ordnungsgemäß abläuft: Dazu gehört, den Mitgliedern das Wort zu erteilen und darauf zu achten, dass niemand in der Runde das Gespräch an sich reißt. Der oder die Vorsitzende ist jedoch nicht berechtigt, den anderen Anweisungen zu erteilen.

Der Familienrat sollte außerdem eine klare Struktur haben. Zu diesem Zweck empfiehlt es sich, für jede Sitzung eine Tagesordnung festzulegen. Außerdem sollte ein Protokoll geführt werden, in dem die Ergebnisse der Sitzung festgehalten werden.

Die Beschlüsse, die im Familienrat getroffen wurden, gelten in der Regel mindestens bis zur nächsten Sitzung. Bis dahin darf die Entscheidung nicht infrage gestellt werden, selbst wenn sie sich schon nach kurzer Zeit als unbrauchbar erweist. In diesem Fall wird der Beschluss bei der nächsten Sitzung aufgehoben und das Thema neu zur Diskussion gestellt.

Für ein demokratisches und gleichberechtigtes Miteinander

Demokratie und Gleichberechtigung heißen die beiden Grundpfeiler, auf denen der Familienrat ruht. Jeder sollte dem anderen Respekt entgegenbringen: nicht nur die Kinder den Eltern, sondern auch umgekehrt. Achten Sie deshalb bei den Besprechungen im Familienrat auf einen respektvollen Umgang: Lassen Sie jedes Mitglied zu Wort kommen und akzeptieren Sie jeden Beitrag als hörenswert. Jeder der Teilnehmer soll außerdem die Möglichkeit haben, sich zu den Vorschlägen der anderen zu äußern. Und selbst wenn es in einer Sitzung vorrangig um unangenehme Themen geht, etwa um bestehende Konflikte, sollte doch stets das Positive im Vordergrund stehen und nicht das, was schiefläuft in der Familie.

Nur einstimmige Beschlüsse gelten
Im Familienrat gibt es nur eine Regel, die nicht exakt mit den demokratischen Grundsätzen übereinstimmt: Beschlüsse müssen einstimmig gefasst werden; nur dann sind sie gültig. Der Hintergrund für diese Regel ist die Erfahrung, dass sich Mehrheitsbeschlüsse im Familienrat nicht

sonderlich bewährt haben. Denn bei solchen Entscheidungen fühlt sich die überstimmte Minderheit meist ausgebootet und ist häufig nicht bereit, die getroffene Entscheidung mitzutragen.

Das bedeutet, dass im Familienrat immer eine Lösung gefunden werden muss, mit der alle Teilnehmer einverstanden sind. Ist das nicht der Fall, muss das Problem vertagt werden – so lange, bis ein einstimmiger Beschluss zustande kommt. Diese gewiss etwas unbequeme Regelung hat auch ihren Vorteil: Sie fördert eine optimistische Sichtweise, indem sie eine Lösung in Aussicht stellt, mit der am Ende alle Familienmitglieder zufrieden sind.

Jede Stimme zählt gleich viel

Der Familienrat kann auf Dauer nur funktionieren, wenn sich alle Mitglieder gleichberechtigt fühlen. Die Stimme eines Einzelnen darf nicht mehr Gewicht haben als die aller anderen Teilnehmer – auch nicht die Stimmen von Mutter oder Vater gegenüber denen der Kinder.

Dieses Prinzip kann nicht oft genug betont werden. Denn zuweilen sieht die Wirklichkeit leider anders aus: Manche Eltern betrachten den Familienrat als günstige Gelegenheit, ihren Kindern vorzuschreiben, was sie tun und wie sie sich verhalten sollen. Damit verletzen sie die Grundsätze der Demokratie und Gleichberechtigung.

Werden dagegen die Grundsätze des Familienrats eingehalten, so bieten sich allen Beteiligten wertvolle Chancen zur persönlichen Weiterentwicklung: Kinder lernen durch die Teilnahme am Familienrat, Verantwortung zu übernehmen, Kommunikationsregeln einzuhalten und gemeinsame Entscheidungen mitzutragen. Und Eltern lernen, ihren Kindern mehr freie Hand zu lassen, Verantwortung an sie abzugeben und ihnen etwas zuzutrauen. Nicht zuletzt machen sie die Erfahrung, dass ihre Kinder vereinbarte Regeln wesentlich besser einhalten, wenn sie selbst daran mitgewirkt haben.

Teil II
Konfliktlösung im Familienalltag

1. »Hast du mein Matheheft gesehen?« – selbstständig werden

Je älter Kinder werden, desto selbstständiger wollen sie sein. Das klingt zunächst erfreulich. Seltsam ist nur, dass Kinder eine sehr selektive Vorstellung davon haben, was sie selber erledigen können und wofür sie noch die Hilfe der Eltern brauchen. So kommt im Alltag immer wieder Sand ins Getriebe – ausgerechnet bei den Routineabläufen, die normalerweise jedes Schulkind bewältigen kann. Meist handelt es sich dabei um Pflichten, die dem Kind lästig sind – oder an denen es nach anfänglicher Begeisterung den Spaß verloren hat.

Der Bus wartet nicht

Carlotta, neun Jahre, ist ein langsames und verträumtes Kind. Für das Frühstück am Morgen braucht sie eine Ewigkeit, kaut minutenlang an jedem Bissen und hängt dabei ihren Gedanken nach. Vergebens drängen die Eltern ihre Tochter zur Eile: »Nun mach schon, Carlotta, iss endlich dein Brot auf, sonst verpasst du den Bus!« Am Ende läuft es fast jedes Mal darauf hinaus, dass der Vater das Mädchen mit dem Auto zur Schule bringt.

Kann ich meinem Kind das zumuten?
Kinder aus den Folgen lernen lassen – wie wirksam und sinnvoll das in vielen Fällen ist, wurde bereits erläutert (siehe den Abschnitt »Kinder lernen aus den Folgen« in Teil 1, Kapitel 4). Das gilt auch für das morgendliche Trödeln: Hier müssen sich die Eltern nicht einmal logische Konsequenzen überlegen. Sie brauchen nur die Folgen zuzulassen, die sich aus der Trödelei von selbst ergeben: Das Kind kommt eben zu spät zur Schule.

Doch gerade dieser Gedanke bereitet vielen Eltern Unbehagen. Denn hieße das nicht, der Schule und den Eltern der Mitschüler gegenüber ein Erziehungsversagen einzugestehen: Wir schaffen es nicht, unser Kind zur Pünktlichkeit anzuleiten. Zudem steht zu befürchten, dass sich der

Nachwuchs eine Rüge oder gar Strafe von der Lehrerin einhandelt – nein, das können die Eltern nicht zulassen, lieber beißen sie in den sauren Apfel und springen als Retter in letzter Sekunde ein.

Mitleid und schlechtes Gewissen sind fehl am Platz

So verständlich diese elterliche Einstellung ist, sinnvoll ist sie nicht, hilfreich noch weniger. Ein Kind muss die Folgen seines Handelns selbst erfahren, sonst lernt es nichts daraus. Mit Gemeinheit oder Boshaftigkeit der Eltern hat das nichts zu tun.

Falls Ihr Nachwuchs, wie Carlotta, morgens zum Trödeln neigt, überwinden Sie besser Ihre Skrupel. Sie lassen Ihr Kind deswegen noch lange nicht ins Verderben rennen. Sofern Ihr Nachwuchs sich bisher sicher sein konnte, dass Sie ihn notfalls zur Schule bringen, kündigen Sie rechtzeitig und unmissverständlich an, dass sich das von nun an ändern wird: »Ab morgen musst du selbst zusehen, dass du pünktlich zur Schule kommst. Ich fahre dich nicht mehr, auch wenn du dann zu spät kommst.«

Möglich, dass Ihr Kind das beim ersten Mal nicht glauben will. Umso wichtiger ist es, dass Sie sich an Ihre Ansage halten, so viel Überwindung es Sie auch kosten mag. Sobald Ihr Kind merkt, dass Sie es ernst meinen, wird es lernen, Verantwortung für sein eigenes Handeln zu übernehmen.

Pass auf deine Sachen selbst auf

Es ist halb acht, höchste Zeit für Tobias, elf Jahre, sich auf den Schulweg zu machen. Aber noch steckt er in seinem Zimmer und wühlt auf seinem Schreibtisch herum. »Mama, hast du mein Matheheft gesehen?«, ruft er schließlich durch die halb offene Tür. Die Mutter, die selbst zur Arbeit aufbrechen will, fühlt Stress und Ärger in sich aufsteigen. Wie oft hat sie dem Jungen schon gesagt, er soll mit seinen Sachen Ordnung halten! Doch alle Ermahnungen scheinen zwecklos zu sein. Am liebsten würde sie dem Filius jetzt eine ordentliche Standpauke halten.

Erst der Stress, dann der Ärger

»Meine Güte, was für ein Chaos, kein Wunder, dass du da nichts findest! Wie oft soll ich dir noch sagen, du sollst auf deine Sachen besser aufpassen…« Etwa in diesem Stil könnte sich die Moralpredigt von Tobias' Mutter anhören. Falls sie in ihrer Hektik dann noch einen gestressten, nörgelnden Tonfall anschlägt, kann man sich vorstellen, worauf die Situation hinausläuft: Tobias wird immer zappeliger, ein gereiztes Wort gibt das andere und am Ende verlassen Mutter und Sohn wütend das Haus – Tobias vermutlich ohne sein Matheheft.

So verständlich das Bedürfnis ist, in einer Stresssituation Dampf abzulassen, es nützt selten. Deshalb sollten Sie versuchen, in solchen Momenten Ruhe zu bewahren, selbst wenn Sie dazu neigen, sich von der augenblicklichen Hektik anstecken zu lassen. Sie wollen, dass Ihr Kind selbstständig wird und sich um seine Angelegenheiten selber kümmert? Dann mischen Sie sich besser nicht ein. Die Frage Ihres Kindes (»Hast du mein Matheheft gesehen?«) sollten Sie auch nicht zwangsläufig als Appell auffassen, sonst verleitet Sie das nur zu einer Antwort, die die schlechte Stimmung zusätzlich aufheizt: »Jetzt soll ich auch noch für dich suchen, als ob ich nichts anderes zu tun hätte!« Sie können Ihrem Kind natürlich anbieten, ihm bei der Suche zu helfen, aber nur, wenn Sie von sich aus dazu bereit sind, und nicht, weil Sie sich dazu genötigt fühlen. Ansonsten beantworten Sie die Frage Ihres Kindes ganz einfach mit Ja oder Nein – und überlassen ihm die Angelegenheit.

Wichtig: Keine Verallgemeinerungen und Unterstellungen!
»Immer bringst du mich in Stress mit deiner unsäglichen Schlamperei!« Mit solchen verallgemeinernden Vorwürfen wird es Ihnen sicher nicht gelingen, Ihren Nachwuchs zu kooperativem Verhalten anzuleiten. Denn Sie stempeln Ihr Kind mit solchen Worten zu einem hoffnungslosen Fall ab, kränken es damit und fordern seinen Widerstand heraus. Formulieren Sie stattdessen einen konkreten Wunsch: »Ich möchte, dass du deine Schulsachen schon am Abend packst, damit es morgens keinen Stress gibt.«

Eine sehr verletzende Wirkung haben auch Unterstellungen, zu denen viele Eltern neigen, weil sie meinen, die Ursache für ein Problem von vornherein zu kennen: »Ich weiß, warum du so geknickt aussiehst. Du hast Angst, dass dir der Mathelehrer eine Strafarbeit aufbrummt, weil du dein Heft verloren hast!« Selbst wenn Sie sich Ihrer Sache noch so sicher sein mögen, Sie können es nicht wissen! Genauso gut könnte Ihr Sprössling ein trübes Gesicht machen, weil er Kopfweh oder Ärger mit einem Freund hat. Besser also, Sie formulieren Ihre Vermutung als Frage: »Ich habe den Eindruck, dich bedrückt etwas. Ist es das verschwundene Matheheft?«

Jetzt erst recht!

Den Dingen ihren Lauf und das Kind die Folgen seines Handelns selbst erfahren lassen: Das fällt Eltern manchmal schwer, wie an den Beispielen von Tobias und Carlotta zu sehen ist.

Es gibt auch den gegenteiligen Fall: Da warten die Eltern geradezu fiebernd darauf, dass ihr Kind mit seinen unliebsamen Verhaltensweisen endlich einmal auf die Nase fällt. Wenn alle Ermahnungen nichts nützen, soll es eben aus der Erfahrung lernen. Das funktioniert allerdings selten. Denn das Kind bemerkt die lauernde Erwartung der Eltern sehr wohl und weiß, sobald die logische Folge eingetreten ist, was die Eltern denken, selbst wenn sie es nicht aussprechen: »Siehst du, ich habe es dir doch gesagt!« Vermutlich wird das Kind sich mächtig zusammenreißen, damit es den Eltern diesen Triumph nicht gönnen muss. Seien Sie sich also Ihrer Motive bewusst und setzen Sie natürliche oder logische Folgen nicht mit dem Ziel ein: »Mach nur weiter so, du wirst schon sehen, was du davon hast!«

Das lästige Zähneputzen

Wenn es ums Zähneputzen geht, macht Dilara, sechs Jahre, jedes Mal Theater. Morgens hat sie keine Lust dazu, abends ist sie schon zu müde. Vergebens versuchen ihr die Eltern zu erklären, warum sorgfältige Zahnpflege so wichtig ist. Dass ihre Zähne Löcher bekommen könnten, scheint sie nicht zu interessieren. Als der Vater eines Abends die Geduld verliert und die widerspenstige Tochter ins Badezimmer zerrt, um ihr die Zähne zu putzen, bekommt Dilara einen Schreikrampf. Das Drama endet damit, dass sich das Mädchen schluchzend ins Bett verkriecht – mit ungeputzten Zähnen.

Die logische Konsequenz: Verzicht auf Süßes

Auch beim Thema Körper- und Zahnpflege stellen manche Kinder die Geduld ihrer Eltern auf die Probe. Natürlich kann man von einem sechsjährigen Kind noch nicht erwarten, dass es regelmäßig daran denkt und sich selbstständig darum kümmert. Doch die nötige Einsicht sollte es in diesem Alter aufbringen. Dennoch, je mehr die Eltern es mit gutem Zureden versuchen, desto widerspenstiger reagieren manche Kinder.

Wie können Eltern einem solchen Verhalten am besten begegnen? Sollen sie das Kind aus den Folgen lernen lassen? Natürliche Folgen wären in diesem Fall sicher nicht angebracht. Denn das hieße, dem Kind so lange seinen Willen zu lassen, bis seine Zähne eines Tages tatsächlich Löcher haben. Anders sieht es mit einer logischen Folge aus: Jedes Mal, wenn das Kind mit ungeputzten Zähnen morgens aus dem Haus oder abends zu Bett geht, muss es dafür auf Süßigkeiten verzichten, damit seine Zähne keinen Schaden nehmen.

Du hast die Wahl
Bei jüngeren Kindern (bis zu etwa acht Jahren) bietet sich noch eine andere Lösung an. Die Eltern überlassen dem Kind die Wahl zwischen zwei Möglichkeiten: »Du kannst dir die Zähne entweder selbst putzen oder ich putze sie dir. Was ist dir lieber?« Damit geben sie dem Kind zu verstehen: Über das Zähneputzen selbst wird nicht verhandelt, nur über die Vorgehensweise.

Letztlich geht es bei allen Vorgehensweisen um dasselbe Ziel: dem Kind ohne Druck und Zwang die Einsicht zu vermitteln, dass Zähneputzen notwendig ist, damit es über kurz oder lang lernt, diese Routine selbstständig einzuhalten.

Verdruss mit dem Musikus

Jonathan, zehn Jahre, hat sich in den Kopf gesetzt, einmal in einer Musikband mitzuspielen. Er lag seinen Eltern so lange in den Ohren, bis sie ihn bei einer Musikschule anmeldeten. Dort bekommt er nun einmal in der Woche Keyboard-Unterricht. Zwischen den Stunden sollte er regelmäßig üben, möglichst jeden Tag. Anfangs hat Jonathan das auch konsequent durchgehalten, weil er schnelle Fortschritte erlebte. Doch als die Erfolgserlebnisse geringer ausfielen, begann sein Interesse nachzulassen. Immer seltener setzt sich Jonathan in letzter Zeit zum Üben an sein Instrument. Und heute nützen die Ermahnungen der Eltern gar nichts mehr – Jonathan weigert sich zu üben.

Die Umgebung macht den Unterschied
Ausdauerndes Üben ist bekanntlich nicht gerade die Stärke von Kindern. Das trifft auch auf das Üben mit Musikinstrumenten zu. Deshalb spielt es eine große Rolle, wie viel Motivation das Kind bekommt.

Motivation entsteht unter anderem durch positives Feedback von außen. Feedback wiederum gibt es nur, wenn jemand da ist, der dem

Kind beim Musizieren zuhört. Liegt der Übungsraum allerdings getrennt von den Räumlichkeiten, in denen sich das Familienleben abspielt, kann das den Eifer des kleinen Musikus erheblich dämpfen, denn er fühlt sich beim Üben allein und isoliert.

Meist lässt sich hier Abhilfe schaffen – indem man das Instrument in einen anderen Raum verlagert. Bei einem Keyboard und bei anderen transportablen Musikinstrumenten dürfte das keine Schwierigkeiten bereiten. Lassen Sie Ihr Kind dort üben, wo es Zuhörer hat, zum Beispiel im Wohnzimmer oder in der Küche. Da kann man die Übungsstunden obendrein gut mit einem Routineablauf kombinieren: Während die Mutter oder der Vater beispielsweise das Abendessen vorbereitet, übt das Kind für eine festgelegte Zeit auf dem Instrument. Und wenn sich die Eltern (und Geschwister) dann an den gedeckten Tisch setzen, darf das Kind den anderen noch ein Musikstück seiner Wahl vorspielen.

Expertentipp: Motivation, die von innen kommt

Die Sozialpädagoginnen und systemischen Familienberaterinnen Leonie Farnbacher und Sophie Krigkos[11] wissen, worauf es im Hinblick auf anhaltende Motivation ankommt:

Viel entscheidender als die Motivation von außen ist intrinsische Motivation, also die eigene Begeisterung und Leidenschaft für das Ziel, das man sich gesteckt hat – in diesem Fall das Spielen in einer Band. Unterstützen Sie diese Begeisterung, indem Sie das gesetzte Ziel für Ihr Kind emotional erlebbar machen. Besuchen Sie Konzerte, sprechen Sie mit Ihrem Kind über seine genauen Vorstellungen von seiner Band, bieten Sie ihm Gelegenheiten, gemeinsam mit anderen Kindern zu musizieren. Vielleicht gibt es ja eine Kindermusikgruppe in Ihrer Nähe.

Musikunterricht ist auch eine Frage des Geldes

Doch selbst ein Motivationsschub bietet natürlich keine Garantie dafür, dass das Kind auf lange Sicht seine Übungszeiten beibehält. Bevor Sie Ihr Kind also fest zum Musikunterricht anmelden, sollten Sie mit ihm eine bestimmte Zeitspanne vereinbaren, in der es sich für das gewählte Hobby verpflichtet, beispielsweise für sechs oder zwölf Monate, je nachdem, welche Verträge mit der Musikschule möglich sind.

Erlahmt das Interesse Ihres Sprösslings dann vorzeitig, können Sie seiner Weigerung zu üben Konsequenzen folgen lassen: Sie erklären Ihrem Kind, dass Sie nicht bereit sind, für Musikstunden zu bezahlen, die mangels Übung nichts bringen, und dass Sie es deshalb an den Kosten für den Instrumentalunterricht beteiligen wollen. Damit das Ganze nicht im Stil einer Strafaktion abläuft, sollte die Maßnahme vorab angekündigt werden. So kann Ihr Nachwuchs von Tag zu Tag selbst entscheiden, ob er seine festgelegte Übungszeit wahrnimmt oder lieber einen Teil seines Taschengelds opfert.

Keine Lust auf Kursstunden

Alicia, acht Jahre, besucht seit drei Wochen einen Jazztanzkurs für Kinder. Sie war von Anfang an begeistert dabei, deshalb hatten die Eltern keine Bedenken, sie nach den kostenlosen Schnupperstunden fest bei der Tanzschule anzumelden. Doch nun hat Alicia ihre Meinung plötzlich geändert. Als die Mutter sie kurz vor der Kursstunde auffordert, ihre Tanzsachen zu packen, und sie zum Kurs fahren will, verkündet Alicia mit Nachdruck:»Da geh ich nicht mehr hin!« Die Mutter ist perplex. »Hör mal, so geht das nicht. Du weißt genau, dass wir den Vertrag mit der Tanzschule nicht rückgängig machen können. Der Kurs kostet eine Menge Geld. Wenn du nicht dabeibleiben möchtest, hättest du das früher sagen müssen.« Alicia fängt an zu weinen, läuft in ihr Zimmer und knallt die Tür zu. Jetzt ist die Mutter vollends ratlos, vor allem aber ärgert sie sich über die Launen ihrer Tochter.

Dahinter steckt doch ein Problem!

Wenn ein Kind von heute auf morgen das Interesse an einer Beschäftigung verliert, die es bisher toll fand, handelt es sich gewöhnlich nicht um eine bloße Laune. Hier steckt vermutlich ein Problem dahinter. Deshalb ist es in einem solchen Fall besser, die eigene Verärgerung erst einmal beiseitezuschieben. Versuchen Sie stattdessen, die Ursache für das ungewöhnliche Verhalten herauszufinden.

Auch wenn die Zeit drängt, vermeiden Sie es, auf die Uhr zu sehen, und nehmen Sie in Kauf, dass Ihr Nachwuchs an diesem Tag vielleicht zu spät oder gar nicht zur Kursstunde kommt. Denn unter Zeitdruck werden Sie kein Gespräch mit Ihrem Kind anfangen können. Von einem guten Einstieg hängt der weitere Verlauf des Gesprächs jedoch entscheidend ab. Am besten beginnen Sie mit einem »Türöffner«: »Magst du erzählen, was los ist? Ich höre zu!« Und genau das sollten Sie dann auch tun: aufmerksam zuhören. Dann haben Sie gute Chancen, dass Ihr Nachwuchs mit der Sprache herausrückt.

Vielleicht erzählt Ihnen Ihr Kind ja, dass es von der Kursleitung beim letzten Mal eine unschöne Kritik einstecken musste. Versuchen Sie beim Zuhören vor allem, auf die Gefühlsäußerungen Ihres Kindes zu achten, und melden Sie zurück, was Sie dabei herausgehört haben: »Und jetzt fürchtest du, dass dich beim nächsten Mal wieder jemand auslacht.« Lassen Sie Ihren Nachwuchs weitersprechen und widerstehen Sie unbedingt der Versuchung, ihm fertige Lösungen anzubieten. Wenn Ihr Kind ungehindert sprechen kann, wird es vermutlich von selbst auf eine Lösung kommen. Falls nicht, können Sie ihm immer noch Ihre Unterstützung anbieten.

Erst nachdem das Kind mit seinen Ausführungen zu Ende gekommen ist, sollten Sie die Frage anschneiden, die Ihnen vermutlich auf den Nägeln brennt: Wie soll es mit den Kursstunden weitergehen?

Zuschauen ist auch eine Form der Teilnahme

Generell kann es natürlich auch sein, dass das Kind sich gegen eine Kurs- oder Trainingsstunde sträubt, weil es ganz einfach keine Lust hat. In diesem Fall können Sie anders reagieren – indem Sie Ihrem Nachwuchs klar zu verstehen geben: »Wir fahren trotzdem hin! Wenn du nicht teilnehmen willst, schaust du einfach zu.« Auch wenn Ihr Kind protestiert, bleiben Sie unbeirrt und lassen Sie sich vor allem auf keine Diskussion ein.

Ein solches Vorgehen kann unter Umständen zu verblüffenden Ergebnissen führen. Diese Erfahrung hat jedenfalls Heike mit ihrem siebenjährigen Sohn gemacht:

»Paul hat immer schon gerne mit seinen Kumpeln Fußball gespielt. Deshalb haben wir ihn ohne Bedenken bei einem Verein angemeldet. Anfangs war Paul auch Feuer und Flamme. Allerdings hat er sein Können ein bisschen überschätzt. Als er gemerkt hat, dass seine Ballkünste beim Trainer nicht den erhofften Eindruck machen, hat die Begeisterung deutlich nachgelassen. Eines Tages wollte er dann gar nicht mehr zum Training gehen. Ich habe ihn trotzdem hingebracht und ihm die Wahl gelassen, entweder mitzuspielen oder von der Bank aus zuzuschauen. Paul hat die Bank gewählt – aber da hat es ihn nicht lange gehalten. Nach ein paar Minuten ist er aufgesprungen und aufs Spielfeld gerannt. Und als der Trainer ihn mit erhobenem Daumen begrüßt hat, war alle Unlust vergessen.«

2. »Immer ich!« – Verantwortung übernehmen

»Immer muss ich aufräumen, ich bin doch kein Sklave!« – »Waaas, ich soll das Bad putzen? Das ist Kinderarbeit!« Mit solchen Sprüchen sind Kinder schnell bei der Hand, wenn sie im Alltag zur Mithilfe herangezogen werden. Und bei vielen Eltern meldet sich dann umgehend das schlechte Gewissen: Kann ich meinem Kind das wirklich zumuten – wo es doch mit Schule und Lernen sowieso schon zur Genüge gefordert ist? Um es vorweg zu sagen: Sie können! Häusliche Pflichten gehören nun einmal zum täglichen Leben – nicht nur zu dem der Eltern, sondern auch der Kinder. Wer sich in dieser Sache ein schlechtes Gewissen einreden lässt, tut damit weder seinem Kind noch sich selbst einen Gefallen. Die Folge ist nur, dass sich das Kind in der Rolle des Überforderten, wenn nicht gar Ausgebeuteten bestätigt sieht und erst recht jede Bitte um Mithilfe als Zumutung zurückweisen wird.

Lästige Haushaltspflichten

Die neunjährige Larissa hat es mal wieder geschafft, sich erfolgreich um eine Hausarbeit herumzudrücken. Mindestens fünfmal hat die Mutter sie nach dem Mittagessen ermahnt, endlich die Geschirrspülmaschine einzuräumen. »Ja, Mama, das mach ich gleich«, hat Larissa jedes Mal brav versichert – und keinen Finger gerührt. Stattdessen blieb sie so lange in demonstrativer Erschöpfung auf der Couch liegen, bis die Mutter sich seufzend daranmachte, die Aufgabe selbst zu erledigen. Dabei hätte sie wirklich genügend anderes zu tun gehabt.

Warum Mithelfen für Kinder wichtig ist
Larissas Mutter, die solche Situationen schon öfter erlebt hat, sollte diesen Zustand nicht länger hinnehmen. Bisher hat sie es offenbar versäumt, mit ihrer Tochter klare Absprachen bezüglich der Haushaltspflichten zu treffen. Nun wird es höchste Zeit, das nachzuholen.

Regelmäßige Mithilfe im Haushalt ist aus mehreren Gründen wichtig für Kinder. Wenn ein Kind weiß, dass es mit seinem Einsatz etwas zum

Familienleben beiträgt, so stärkt das sein Zugehörigkeits- und Selbstwertgefühl und seine Fähigkeit, Verantwortung zu übernehmen. Ein regelmäßiger Ablauf schult außerdem sein Zeitgefühl; es lernt, mehr und mehr darauf zu achten, dass es täglich zur gleichen Zeit seine Aufgaben gewissenhaft erfüllt.

Die übertragenen Aufgaben sollten selbstverständlich dem Alter des Kindes angemessen sein. Den Mülleimer leeren, die Spülmaschine einräumen, Fenster putzen, die Blumen gießen, leere Flaschen zum Container bringen – solche Tätigkeiten sind von einem Schulkind nicht zu viel verlangt.

Treffen Sie eine klare Absprache mit Ihrem Kind, welche Pflichten im Haushalt es übernehmen sollte. Für eine solche Besprechung eignet sich am besten eine Sitzung des Familienrats. Bestehen Sie darauf, dass Ihr Nachwuchs seine Aufgaben zuverlässig erfüllt. Falls nötig, machen Sie die Pflichten auch in den nachfolgenden Familienratssitzungen zum Thema – so lange, bis die Aufgaben zufriedenstellend erledigt werden.

Auf keinen Fall sollten Sie sich darauf einlassen, Ihr Kind für seine Arbeit zu bezahlen. Sie selbst verdienen mit Ihrer Hausarbeit schließlich auch nichts. Für besondere, nicht alltägliche Leistungen können Sie Ihrem Nachwuchs aber schon mal eine kleine Taschengeldaufbesserung zugestehen. Nicht zuletzt sollten Sie mit Ihrem Kind besprechen, mit welchen Konsequenzen es zu rechnen hat, wenn es sich nicht an die getroffene Absprache hält.

Tipp: Lassen Sie Ihrem Kind die Wahl
Verordnen Sie die Haushaltspflichten, die Ihnen für Ihren Nachwuchs passend erscheinen, nicht über seinen Kopf hinweg. Sonst laufen Sie Gefahr, sich Widerstand einzuhandeln. Besser, Sie treffen eine Vorauswahl und überlassen dann Ihrem Kind die Entscheidung, welche Aufgaben es übernehmen möchte. Vielleicht sträubt sich Ihr Nachwuchs ja gar nicht gegen die Mithilfe an sich – sondern findet nur keinen Geschmack am Staubsaugen oder Einräumen des Geschirrspülers. Wenn es ihm dagegen Spaß macht, Schuhe zu putzen oder morgens den Frühstückstisch zu decken, was spricht dagegen? Ihr Kind wird die Aufgaben, die es sich selbst aussuchen kann, bestimmt sorgfältiger und gewissenhafter erledigen, als wenn Sie ihm eine bestimmte Tätigkeit einfach »aufbrummen«.

Der Spaß muss nicht zu kurz kommen

Wichtig ist, dass Kinder nicht nur sporadisch zum Mithelfen aufgefordert werden, sondern sich regelmäßig an der Hausarbeit beteiligen. Wenn die Mutter oder der Vater gestresst oder schlecht gelaunt sind und ihren Nachwuchs in entsprechendem Ton zur Arbeit auffordern (»Jetzt tu endlich auch mal was, du siehst doch, wie viel Arbeit ich habe!«), steigert das gewiss nicht die Arbeitsmoral, sondern es verleiht dem Hilfseinsatz eher den Charakter einer Strafaktion.

Dass Hausarbeit immer Spaß macht, wird im Übrigen keiner behaupten. Und trotzdem kann beim Arbeiten unverhofft gute Laune aufkommen – vor allem, wenn die Aufgabe gemeinsam erledigt wird. So hat es Heike mit ihrem siebenjährigen Sohn Paul erlebt:

»Früher hatte ich immer ein schlechtes Gewissen dabei, meinem Sohn Arbeit aufzuhalsen und ihn dadurch vom Spielen abzuhalten. Als ich Paul dann einmal zeigen wollte, wie man Schuhe putzt, kamen wir beim Arbeiten plötzlich ins Plaudern. Wir unterhielten uns so gut, dass die Arbeit fast unbemerkt nebenher weiterlief. Das hat uns beiden so gefallen, dass wir beschlossen haben, das Schuheputzen in Zukunft immer gemeinsam zu erledigen. Und am Wochenende kochen wir auch zusammen, darauf freut sich Paul immer schon Tage vorher. Mein schlechtes Gewissen hat sich inzwischen beruhigt, denn ich weiß jetzt, dass ich meinem Sohn beim gemeinsamen Arbeiten etwas sehr Wertvolles schenken kann: Nähe und Zuwendung.«

Wichtig: Bequemlichkeit nicht unterstützen

»Bitte mach du das, ich bin viel zu müde!« Hinter einer solchen Bitte des Kindes steckt häufig nicht Unfähigkeit oder Überforderung, sondern reine Bequemlichkeit. Lehnen Sie solche Bitten ruhig ab und lassen Sie sich nicht zu Diensten nötigen, zu denen Ihr Nachwuchs nur keine Lust hat. Ist Ihr Sohn tatsächlich zu müde, um eine Flasche Saft aus dem Keller zu holen? Dann sollte er sich mit einem Glas Wasser begnügen. Hat Ihre Tochter am Morgen zu lange getrödelt, um sich selbst ein Pausenbrot zu schmieren? Dann muss sie eben mit einem trockenen Brötchen zur Schule gehen. Wenn Kinder die Folgen ihres Verhaltens selbst erfahren, lernen sie schnell, eigenverantwortlich zu handeln.

Wer versorgt das Haustier?

Annika, sieben Jahre, hat sich zum Geburtstag ein Zwergkaninchen gewünscht. Sie hat ihren Eltern hoch und heilig versprochen, sich eigenständig um das Tier zu kümmern und es gut zu versorgen. In den ersten Wochen hat das auch ganz ordentlich geklappt. Doch nun stellen die Eltern fest, dass Annika ihre Pflichten zu vernachlässigen beginnt. Der Kaninchenstall ist seit Längerem nicht mehr ausgemistet worden und schon mehrmals musste Annika ermahnt werden, das Kaninchen zu füttern. Die Eltern sehen es kommen: Bald werden sie die Tierpflege selbst übernehmen müssen.

Ganz ohne Eltern geht es selten

Annikas Eltern sehen es vermutlich richtig: Ihr Kind wird die Verantwortung für das Haustier auf Dauer kaum allein tragen können. Damit ist eine Siebenjährige gewöhnlich noch überfordert. Selbst von etwas größeren Kindern kann man nicht unbedingt erwarten, dass sie ihr Versprechen, ein ersehntes Haustier lebenslang zu versorgen, jederzeit einhalten. Die Interessen von Kindern ändern sich nun einmal des Öfteren, und was heute neu und spannend ist, hat über kurz oder lang seinen Reiz verloren.

Dennoch spricht einiges dafür, dem Nachwuchs ein Haustier zu erlauben. So ein kleiner Gefährte kann sich auf die Entwicklung des Kindes sehr positiv auswirken. Ein Haustier fordert von seinem Besitzer Achtsamkeit, Rücksicht und Einfühlungsvermögen; diese Eigenschaften kann das Kind im Umgang mit ihm erlernen. So wird das Tier für das Kind zu einem guten Freund, dem es seine Erlebnisse und Geheimnisse anvertrauen kann, mit dem es scherzen und kuscheln kann und bei dem es Trost findet, wenn ihm Kummer oder Sorgen auf der Seele lasten.

Diese Aspekte sprechen dafür, dem Kind den Wunsch nach einem Haustier zu erfüllen. Sie sollten sich vor der Anschaffung allerdings genau überlegen, ob Sie wenn nötig bereit sind, sich selbst um das Tier zu kümmern, indem Sie zumindest einen Teil der Tierpflege übernehmen.

Geteilte Pflicht ist halbe Pflicht

Ihre elterliche Unterstützung bei der Tierpflege bedeutet andererseits nicht, dass das Kind seiner Verantwortung für das Haustier ganz entledigt ist, sobald es das Interesse an ihm verloren hat. Das sollten Sie

Ihrem Nachwuchs unmissverständlich klarmachen. Geben Sie ihm zu verstehen, dass in Ihrer Familie niemand leiden soll – auch das Haustier nicht – und dass Ihr Nachwuchs genauso seinen Teil dazu beitragen muss, damit es dem Hausgefährten gut geht.

Am besten überlegen Sie gemeinsam mit Ihrem Kind, wie die Pflege des Haustiers auf Dauer geregelt werden kann und wie die Aufgaben verteilt werden sollen: Wer sorgt für frisches Wasser? Wer ist für die Reinigung des Käfigs zuständig? Wer kauft das Tierfutter ein? Wer kümmert sich um einen Tiersitter, wenn die Familie in Urlaub fährt? Wer bringt das Tier zum Tierarzt, wenn es krank wird?

Bestehen Sie darauf, dass Ihr Nachwuchs seinen Teil der Aufgabe, der je nach Alter des Kindes größer oder kleiner ausfällt, zuverlässig erfüllt. Ein Wochenplan kann hier wertvolle Dienste leisten: Tragen Sie für jeden Tag der Woche ein, welche Aufgaben anstehen und wer dafür zuständig ist.

Sie können bei Ihrer Absprache auch logische Konsequenzen einsetzen: Vereinbaren Sie mit Ihrem Kind zum Beispiel, dass es sich erst mit seinen Spielkameraden treffen kann, nachdem es seinen Job erfüllt hat. Und sollte es seine Pflicht doch einmal vernachlässigen und Sie sich genötigt fühlen, die Aufgabe zu übernehmen, so stellen Sie Ihre Arbeit in Rechnung, indem Sie Ihrem Kind das Taschengeld kürzen.

Tipp: Welches Tier für welches Alter?
Nicht alle Haustiere eignen sich als Spielgefährten für Kinder gleichermaßen gut. Je nach Alter sind im Hinblick auf die Tierpflege folgende Möglichkeiten zu empfehlen:

Für Kinder von sechs bis zehn Jahren eignen sich vor allem kleine Nagetiere wie Mäuse, Hamster, Meerschweinchen oder Kaninchen, aber auch Kanarienvögel und Wellensittiche. Von einem Kind in diesem Alter kann man erwarten, dass es dem Tier regelmäßig Futter und Wasser gibt und beim Säubern des Käfigs zumindest mithilft.

Kinder ab zehn Jahren sind auch in der Lage, sich zunehmend selbstständig um eine Katze oder einen Hund zu kümmern. Sie können das Tier zum Beispiel regelmäßig füttern, die Katzentoilette reinigen oder den Hund zumindest einmal am Tag spazieren führen.

Chaos im Kinderzimmer

Elena, acht Jahre, scheint das Chaos zu lieben. Ihr Zimmer gleicht einem Schlachtfeld: Überall liegen schmutzige Wäschestücke, Spielzeug und Schulsachen in wüstem Durcheinander herum. Die Ermahnungen der Eltern verhallen wirkungslos. Eines Tages wird es dem Vater zu viel. »Du räumst jetzt sofort auf«, herrscht er Elena an, »ich kann diese Unordnung nicht mehr mit ansehen!«»Dann mach doch die Tür zu!«, gibt Elena ungerührt zurück.

Mein kleines Reich gehört mir!

Mit ihrer Antwort hat Elena dem Vater zu verstehen gegeben: Dieses Zimmer gehört mir – wie es hier aussieht, geht dich nichts an. Bis zu einem gewissen Grad sollte man dem Kind diesen Anspruch auch zugestehen. Einem Kind im Schulalter kann man allmählich zutrauen, dass es Verantwortung für seine eigenen Sachen übernimmt. Schließlich ist es für seine Schulsachen ja auch alleine zuständig. Wenn jedoch die Unordnung im Kinderzimmer überhandnimmt, sollten die Eltern eingreifen. Ein Kind muss lernen, Ordnung zu halten; das wird ihm auf lange Sicht in vielen Situationen helfen, den Überblick zu bewahren.

Besprechen Sie daher mit Ihrem Nachwuchs, wann und wie das Kinderzimmer aufgeräumt werden sollte. Die Regelung kann zum Beispiel so aussehen: Jeden Abend vor dem Schlafengehen stellt das Kind in seinem Zimmer eine Grundordnung her, einmal in der Woche räumt es gründlich auf. Die tägliche Aufgabe sollten Sie Ihrem Kind dabei ruhig allein überlassen. Sie können ihm aber ein Stück entgegenkommen, indem Sie ihm bei der wöchentlichen Aufräumaktion Ihre Hilfe anbieten.

Beim täglichen Aufräumen hilft sportlicher Ehrgeiz

Und was ist, wenn Ihr Kind keine Lust hat, sein Zimmer aufzuräumen? Mit dieser Möglichkeit müssen Sie rechnen. Dabei wird es vermutlich nicht viel nützen, ständig Ermahnungen auszusprechen: Denn je gereizter Ihr Ton wird, desto größeren Widerstand wird Ihnen Ihr Nachwuchs entgegensetzen.

Besser, Sie versuchen es mit Motivation und sportlichem Ehrgeiz. Für die kleine allabendliche Aufräumaktion bietet sich dazu beispielsweise folgende Möglichkeit an: Sie stellen einen Wecker oder eine Eieruhr auf eine angemessene Zeit ein (etwa fünf oder zehn Minuten), in der Ihr Nachwuchs seine Aufgabe erfüllen soll. Ist die Zeit abgelaufen und die

Aufgabe nicht zufriedenstellend erledigt, so können Sie die Aufräumzeit verlängern und dafür das Ritual zur Schlafenszeit entsprechend abkürzen. Das wäre eine sinnvolle logische Konsequenz, die Sie idealerweise vorab mit Ihrem Kind vereinbart haben.

Mit flotter Musik anstelle eines Weckers lässt sich die Motivation in vielen Fällen noch steigern. Legen Sie eine CD auf, die Ihr Kind gerne mag, und verabreden Sie, bis zu welcher Musikstelle beziehungsweise bis zu welchem Lied die Aufräumarbeit beendet sein sollte.

Wichtig: Loben, aber richtig!

Vergessen Sie nicht, Ihrem Kind nach getaner Arbeit ein angemessenes Lob auszusprechen. Angemessen bedeutet, dass Ihre Anerkennung der Leistung des Kindes entspricht. Übertreiben sollten Sie es also nicht, indem Sie jedes noch so winzige Ergebnis gleich mit einem »Toll!« oder »Super!« quittieren. Kinder wissen in der Regel selbst, wie gut sie eine Aufgabe erfüllt haben. Ein übertriebenes Lob könnte höchstens den Anschein erwecken, dass Sie Ihrem Nachwuchs keine größere Leistung zutrauen.

Andererseits kann ein Lob auch dann angebracht sein, wenn das Kind seinen Job zwar nicht hundertprozentig erfüllt, sich aber offenbar redlich bemüht hat. Dabei sollten Sie vermeiden, das Lob als Mittel zum Zweck einzusetzen. Etwa so: »Toll, was du schon alles erledigt hast. Jetzt musst du nur noch die Legos in die Kiste räumen und die Bücher ins Regal stellen, dann bist du Weltmeister im Zimmeraufräumen.« Mag sein, dass dieser Trick anfangs funktioniert. Doch bald wird das Kind die Absicht durchschauen und frustriert darüber sein, dass seine Bemühungen nicht anerkannt werden, sondern nur das perfekte Ergebnis zählt. Motivierend wirken dagegen Ich-Aussagen wie diese: »Ich sehe, dass du dich wirklich angestrengt hast, das finde ich toll.« – »Ich habe gesehen, dass du deine Bücher neu sortiert hast. Das gefällt mir.«

Wir alle wissen aus eigener Erfahrung: Kaum etwas ist frustrierender als das Gefühl, dass andere unsere Bemühungen nicht angemessen gewürdigt, vielleicht nicht einmal zur Kenntnis genommen haben. Deshalb sollten wir als Eltern nicht selbstverständlich davon ausgehen, dass das Kind »schon weiß, was ich meine, auch wenn ich es nicht sage«.

Nachhilfe bei der Wochenaktion

Die große wöchentliche Aufräumaktion kostet das Kind vermutlich um einiges mehr Überwindung als die täglichen kleinen Handgriffe. Hier können Sie (neben dem Einsatz von Zeitmesser oder Musik) mit folgenden Mitteln nachhelfen:

Bieten Sie Ihrem Kind Ihre Hilfe an – doch starten Sie die Arbeit nicht gemeinsam mit ihm. Sonst könnte es sein, dass Ihr Kind sich dezent verkrümelt und Sie es in Ihrem Arbeitseifer nicht einmal bemerken. Besser, Sie sagen Ihre Hilfe für später zu:»Fang du schon einmal an, ich helfe dir, sobald du die Hälfte geschafft hast.« Nach einer vereinbarten Zeit kommen Sie ins Kinderzimmer zurück und prüfen die Lage. Hat Ihr Nachwuchs seine Teilaufgabe noch nicht erfüllt, verlassen Sie den Raum wieder und kommen später nochmals.

Lässt sich das Kind trotz allem nur widerwillig zum Aufräumen bewegen und erledigt es die Aufgabe nicht zufriedenstellend, können Sie – am besten nach vorheriger Absprache – folgende Möglichkeit ausprobieren: Sie sammeln nach dem Aufräumen alle Gegenstände ein, die liegen geblieben sind, und sperren sie für eine Woche weg. In dieser Zeit kann das Kind sie nicht benutzen, auch wenn es sie noch so vermisst. Diese Maßnahme sollte allerdings nicht den Anschein einer Strafaktion erwecken.

Expertentipp: Passende Zeitabstände finden

Die Sozialpädagoginnen und systemischen Familienberaterinnen Leonie Farnbacher und Sophie Krigkos[12] schlagen folgende Alternative zum täglichen und wöchentlichen Aufräumen vor:

Überlegen Sie, wie oft in Ihrer Wohnung geputzt werden soll, damit Sie sich darin wohlfühlen. In diesen zeitlichen Intervallen sollte auch das Kinderzimmer aufgeräumt werden. Treffen Sie mit Ihrem Kind klare zeitliche Vereinbarungen mit genügend Vorlaufzeit:»Bis ... muss der Boden freigeräumt, das Zimmer aufgeräumt sein, damit die Putzaktion starten kann.« Berücksichtigen Sie dabei den Entwicklungsstand Ihres Kindes; eventuell braucht es Ihre Anleitung und Hilfe. Seien Sie in Ihren eigenen und den Gemeinschaftsräumen ein gutes Vorbild. Verlangen Sie generell nicht mehr von Ihrem Kind, als Sie selber leisten!

3. »Ihr seid so was von gemein!« – wüten, lamentieren, lügen, provozieren

Ein Verhalten, das viele Eltern regelrecht zur Verzweiflung bringt, sind die Störmanöver ihrer Sprösslinge. Kinder sind darin wahre Weltmeister und können in dieser Hinsicht eine Menge Register ziehen: Sie nörgeln und widersprechen, sie spotten und lügen, sie verbreiten schlechte Laune und brechen in Wutanfälle aus. Es verlangt den Eltern viel Geduld und Geschick ab, solchen Verhaltensweisen Einhalt zu gebieten. Und besonders schwierig wird es für sie, mit Störfällen umzugehen, wenn sich diese vor Zuschauern abspielen.

»Lass mich, ich will das jetzt!«

Es ist Schlafenszeit. Tilda, neun Jahre, hat in ihrem Zimmer schon das Licht ausgemacht, die Eltern sitzen im Wohnzimmer und sehen sich im Fernsehen einen Krimi an. Plötzlich bemerkt die Mutter ein Geräusch in der Küche. Sie geht nachsehen – und ertappt Tilda dabei, wie sie sich eine Tüte Chips aus dem Vorratsschrank angelt. »Moment mal«, ruft die Mutter. »Das geht nicht! Du weißt, dass nach dem Zähneputzen nichts mehr gegessen werden darf!« – »Ist doch egal, dann putze ich mir die Zähne eben nochmals!« – »Nein, Tilda, darauf will ich mich nicht verlassen. Die Chips bleiben hier!« – »Darauf will ich mich nicht verlassen ...«, äfft Tilda die Mutter nach. »Du traust mir wohl überhaupt nichts zu!«

Was nun: verbieten oder zulassen?

Nach dem Zähneputzen am Abend wird nichts mehr gegessen – das ist eine Regel, die so gut wie jedes Kind einzuhalten lernt. Auch Tilda kennt sie, aber in diesem Fall war die Versuchung stärker. Die Mutter ihrerseits weiß, dass ihre Tochter das Zähneputzen gern vernachlässigt. Das bringt sie in Entscheidungsnot: Soll sie dem Mädchen die Chipstüte wegnehmen oder sie damit abziehen lassen?

Wegnehmen wäre nicht ratsam, das wird der Mutter schnell klar, denn es käme einem Verbot gleich. Und Verbote sind völlig ungeeignet, das Kind zu kooperativem Verhalten zu bewegen. Sie bewirken genau das Gegenteil: Das Kind verstärkt seinen Widerstand und zettelt womöglich einen Machtkampf an.

Bleibt also nur, der Tochter die Chipstüte zu überlassen. Und schon folgt die nächste Entscheidungsfrage: Soll die Mutter darauf vertrauen, dass ihre Tochter vernünftig genug ist, sich nochmals die Zähne zu putzen, oder soll sie kontrollieren? Entschließt sie sich zu Letzterem, sollte sie ihrer Tochter das auch sagen: »Gut, dann nimm die Chips mit, ich komme nachher nochmals und erinnere dich ans Zähneputzen.« Besser wäre in Tildas Fall jedoch, dem Mädchen die Verantwortung zu überlassen. Denn ihren Worten war deutlich zu entnehmen: »So viel kannst du mir schon zutrauen!«

Bloß keine Diskussion anfangen!

Nun lag in Tildas Verhalten gegenüber der Mutter aber auch ein aufreizend provokanter Ton – vor allem was das Nachäffen betrifft. So etwas verleitet Eltern schnell dazu, dem Kind einen Rüffel zu erteilen. Falls es auch Ihnen so geht, tun Sie es besser nicht! Kinder versuchen immer mal wieder, ihre Grenzen auszuloten und zu testen, wie weit sie bei ihren Eltern gehen können. Lassen Sie sich nicht provozieren, sondern steigen Sie rechtzeitig aus der Diskussion aus, bevor sie womöglich doch im Machtkampf endet. Sofern Sie mit der 1-2-3-Methode vertraut sind (siehe den Abschnitt »Störungen stoppen – auf eins, zwei, drei« in Teil 1, Kapitel 3), können Sie sie in einem Fall wie diesem sinnvoll einsetzen.

Haben Sie dagegen kein geeignetes Mittel, um eine solche Konfliktsituation zu entschärfen, und widersetzt sich das Kind immer wieder Ihrem Willen (ein Verhalten, das viele Kinder phasenweise verstärkt zeigen), so kann das dazu führen, dass sich die Atmosphäre langsam, aber beständig negativ auflädt. Hier sollten Sie rechtzeitig für »Entladung« sorgen – zum Beispiel so, wie Katja es mit ihrem siebenjährigen Sohn Alex macht:

»Als ich letzte Woche merkte, dass die Spannungen zwischen Alex und mir irgendwie raus mussten, haben wir getan, als seien wir zwei streitende Katzen. Wir haben Fauch-, Krall- und Ringkämpfe auf dem Teppich veranstaltet. Das hat uns beiden irgendwie gut getan, es ist so ein bisschen wie Teller an die Wand schmeißen. Allerdings waren wir beide in diesem Moment nicht wirklich wütend aufeinander, sonst hätte ich mich auf dieses Experiment nicht eingelassen.«

Ärger bei den Mahlzeiten

Die achtjährige Laura und ihr sechsjähriger Bruder Max schaffen es regelmäßig, die Familienmahlzeiten zum Verdrussereignis werden zu lassen. Max manscht am liebsten mit den Fingern im Essen herum, sogar Spaghetti bolognese behandelt er als »Fingerfood«. Laura hat sich zur Kostverächterin entwickelt und nahezu den Status einer Diva erreicht. Selbst liebevollst zubereitete Gerichte lässt sie zurückgehen und verkündet mit angewiderter Miene: »So was esse ich nicht!«

Unliebsame Tischmanieren

Mit den Tischsitten ist das so eine Sache: Kleine Kinder müssen sie erst lernen. Und weil dieser Lernprozess über Jahre geht, fühlen sich Eltern permanent veranlasst, ihr Kind zum manierlichen Essen anzuleiten, damit es spätestens im Schulalter die wesentlichen Verhaltensregeln bei Tisch beherrscht: Es sollte mit Messer und Gabel essen, die Serviette benutzen und wissen, dass man bei Tisch nicht schmatzt und schlürft oder mit vollem Mund redet. Seltsam nur, dass bei manchen Kindern die elterlichen Ermahnungen selbst nach dem tausendsten Mal nicht anzukommen scheinen.

Gewöhnlich meinen es die Eltern ja gut. Sie wollen ihr Kind zum richtigen Verhalten anleiten, indem sie ihm sagen, was es falsch macht. Doch damit bewirken sie häufig das Gegenteil. Die schlechten Manieren verfestigen sich. Denn in erster Linie verstärkt sich bei Kindern das Verhalten, auf das die Eltern ihre Aufmerksamkeit richten.

Wichtig: Denken Sie nicht an ...
»Mach bloß nicht schon wieder Unfug!« Das ist ein bekannter Elternspruch – der leider herzlich wenig nützt. Denn es ist nicht klug, die Aufmerksamkeit des Kindes auf das zu lenken, was es nicht tun sollte. Oft bringt man seinen Nachwuchs gerade damit auf unerwünschte Gedanken.

Überzeugen Sie sich selbst durch ein kleines Experiment: »Denken Sie nicht an einen rosa Elefanten!« Woran denken Sie, nachdem Sie diese Anweisung gelesen haben? Natürlich, an einen rosa Elefanten!

Sofern auch Ihr Nachwuchs zu schlechten Tischmanieren neigt, sollten Sie sich mit Kritik also besser zurückhalten. Konzentrieren Sie sich nicht auf die schlechten Manieren, sondern auf die erwünschten Verhaltensweisen. Anstatt Ihren Sprössling für ein schlechtes Benehmen zu tadeln (»Hör auf, mit vollem Mund zu sprechen!«), sollten Sie ihm sagen, welches Verhalten Sie sich wünschen (»Bitte schluck erst runter, dann kannst du sprechen!«).

Nun kann man bei einem Schulkind voraussetzen, dass es die gängigen Tischsitten kennt. Deshalb können Sie meist darauf verzichten, Ihr Kind stets aufs Neue darauf hinzuweisen. Kommentieren Sie stattdessen die positiven Verhaltensweisen Ihres Kindes. Damit hat Magdalena, die Mutter der siebenjährigen Lea, eine verblüffende Erfahrung gemacht:

»Ich habe mir täglich den Mund fusselig geredet, damit Lea endlich aufhört, bei den Mahlzeiten auf ihrem Stuhl herumzuturnen. Eines Tages hatte ich es satt und beschloss, das nicht mehr zu beanstanden. Da fiel mir plötzlich auf, dass sich Lea trotz ihrer Hampelei beim Essen fast gar nicht bekleckert, und das habe ich ihr rückgemeldet: ›Toll, dass du so sauber essen kannst, Lea! Bei dir fällt kaum was neben den Teller.‹ Lea hat sich mächtig gefreut über das Lob und sich von da an sichtlich bemüht, ihre Tischmanieren auch in anderen Dingen zu verbessern. Das Herumturnen auf dem Stuhl hat tatsächlich nachgelassen.«

Tipp: Notenkonferenz bei Tisch

Sollten Sie beim besten Willen nicht umhinkommen, die Tischsitten Ihres Kindes zu beanstanden, können Sie einmal ein Experiment machen: Einigen Sie sich darauf, dass für einen gewissen Zeitraum – etwa eine Woche lang – bei den Familienmahlzeiten jedes Familienmitglied die Tischmanieren der anderen benotet. Genauer gesagt: Jeder benotet neben allen anderen auch sich selbst. Dabei darf es keine Zensur nach reiner Willkür geben, sondern jede Note muss sorgfältig begründet werden. Tragen Sie nach jeder Familienmahlzeit die einzelnen Bewertungen in eine Tabelle ein und ermitteln Sie nach Ablauf des vereinbarten Zeitraums die Ergebnisse.

Dieses Spiel macht fast allen Kindern riesigen Spaß. Denn hier dürfen sie auch einmal ihre Eltern beanstanden (und finden oft mehr Anlässe, als diese von sich vermuten würden!). Vor allem aber lernen Kinder dabei auf entspannte und vergnügliche Art, sich selbst bei ihren Tischgewohnheiten zu beobachten – und zu verbessern.

Meine Suppe ess' ich nicht!

Nun zum zweiten Thema, das bei Familienmahlzeiten für Ärger sorgt: die Kostverweigerung. Auch hier sollten sich Eltern mit Kritik besser zurückhalten, selbst wenn sie sich darüber ärgern, dass die liebevoll zubereitete Mahlzeit wieder einmal verschmäht wird. Sie sollten andererseits nicht versuchen, das Kind durch Bitten und Betteln zum Essen zu bewegen. Denn das könnte einen Teufelskreis in Gang setzen und dazu führen, dass das Kind sein auffälliges Verhalten verstärkt, um von den Eltern noch mehr Aufmerksamkeit zu bekommen.

Am besten begegnen Sie der Kostverweigerung Ihres Kindes mit gelassener Zurückhaltung. Falls Ihr Nachwuchs trotz Ihrer freundlichen Aufforderung beim Essen nicht zugreifen will, lassen Sie ihm seinen Willen. Räumen Sie nach der Mahlzeit einfach kommentarlos den Tisch ab. Vermutlich wird bald eine natürliche Folge eintreten: Ihr Kind wird Hunger bekommen. Wenn Sie es schaffen, sich ein Wort der Belehrung (»Siehst du, das kommt davon!«) zu verkneifen, dürfen Sie damit rechnen, dass Ihr Kind bei der nächsten Mahlzeit schon besser zugreift (vorausgesetzt, Sie erlauben ihm zwischendurch keine Knabbereien).

Generell spricht nichts dagegen, den Nachwuchs bei der Küchenplanung mitbestimmen zu lassen. Am besten stellen Sie zwei Hauptgerichte zur Auswahl und lassen Ihr Kind entscheiden, beispielsweise zwischen Spaghetti und Risotto. So fühlt sich Ihr Kind mit seinen Wünschen berücksichtigt und ernst genommen. Trauen Sie Ihrem Nachwuchs mit zunehmendem Alter auch zu, hin und wieder selbst für die Familie zu kochen. So wird Ihr Kind schnell merken, dass es gar nicht so einfach ist, alle Wünsche zu befriedigen.

Und was können Sie tun, wenn Ihr Kind zu den »Gemüsehassern« gehört? Wenn es also jede gesunde Kost ablehnt und zu befürchten ist, dass es sich auf Dauer einseitig und ungesund ernährt? Dann finden Sie vielleicht eine kreative Lösung wie Katja und Christoph:

»Weil Alex früher nie Obst und Gemüse essen wollte, veranstalten wir jetzt immer eine Art ›Synchronessen‹. Wir futtern am Frühstückstisch alle drei gleichzeitig ein Stück Obst: ›Eins, zwei, drei – ab in den Mund!‹ Das Gruppenerlebnis bringt's! Auch eine Wette hat geholfen: Wir haben gewettet, dass es Alex nicht schafft, einen Monat lang täglich Obst zu essen. Prompt hat er durchgehalten! Inzwischen ist er es so gewohnt, jeden Morgen vor dem restlichen Essen ein paar Stücke Obst zu essen, dass es ohne weitere Proteste in den Alltag übergegangen ist.«

»Die anderen kriegen alles, nur ich nicht!«

Die elfjährige Emily schmollt. Ihre Freundin Janina hatte heute in der Schule eine neue Jeans an, ein sündhaft teures Markenmodell. So etwas wollte Emily schon immer haben. Jetzt liegt sie ihrer Mutter in den Ohren und quengelt unaufhörlich:»Ach bitte, Mama, kauf mir doch auch mal so was! Die anderen kriegen alle so tolle Sachen zum Anziehen. Nur ich muss immer diese grässlichen Klamotten tragen.«»Wer sind ›die anderen alle‹?«, fragt die Mutter zurück.»Na, alle eben! Janina, Sara, Marie ... alle Mädchen in meiner Klasse ...«

Konsumkinder und Kleiderkult

Jeans oder»Levi's«, Turnschuhe oder»Chucks«: Für viele Kinder und Jugendliche ist das ein Unterschied wie Tag und Nacht. Man trägt heute nicht mehr gewöhnliche Kleidung, sondern eine Marke, die für ein bestimmtes Image steht und darüber entscheidet, wer dazugehört und wer nicht. Markenkult ist so gesehen nicht nur eine Frage des Habenwollens. Wer sich mit einem No-Name-T-Shirt in der Schulklasse blicken lässt, kann schnell zum Außenseiter werden.

Viele Eltern sind sich dieses Dilemmas bewusst und tun sich daher schwer, den Konsumwünschen ihrer Kinder Einhalt zu gebieten. Andererseits ist Markenkleidung eine Frage des Geldes. Wer gibt schon bedenkenlos das Vier- oder Fünffache für einen Artikel aus, nur weil es sich um eine gefragte Marke handelt? Gerade bei Kindern im Schulalter überlegen sich Eltern das zweimal.

Schulkinder wachsen schnell; manchmal passt ein neues Kleidungsstück schon nach wenigen Wochen nicht mehr. Hinzu kommt, dass viele Kinder mit ihren Sachen alles andere als pfleglich umgehen. Und da teurer nicht gleichbedeutend mit strapazierfähiger ist, kann ein kostspieliges Kleidungsstück schnell ruiniert sein.

Es ist gar nicht so einfach, hier eine Lösung zu finden, die allen Beteiligten gerecht wird. Doch es geht: Sylvie und Marius, die Eltern der zwölfjährigen Alina, haben sich mit ihrer Tochter auf folgende Weise einigen können:

»Es war uferlos, was für Ansprüche Alina früher gestellt hat, einfach unbezahlbar. Wir haben deshalb vor einem Jahr vereinbart, dass Alina für jeden Markenartikel, den sie gerne haben möchte, ein Drittel des Kaufpreises von ihrem Taschengeld beisteuert. Da hat sie schnell ange-

fangen zu überlegen, ob sie sich das leisten kann oder nicht. Inzwischen ist sie mit ihren Wünschen deutlich zurückhaltender geworden. Und wenn sie mal partout nichts dazulegen kann, dann versuchen wir eben, das gewünschte Stück gebraucht aufzutreiben, im Secondhand-Laden oder im Internet. Da sind wir dann auch bereit, den ganzen Kaufpreis zu zahlen, solange er sich im Rahmen hält.«

Dem Druck auf die Tränendrüse widerstehen

Wie können Sie nun mit hartnäckigen Betteleien im Stil von Emily sinnvoll umgehen? »Alle anderen haben ..., alle anderen dürfen ...« – mit dieser Masche schaffen es Kinder (erst recht Pubertierende) ja im Handumdrehen, ihre Eltern weichzuklopfen, wenn sie sich etwas in den Kopf gesetzt haben.

Machen Sie sich zunächst einmal bewusst: Ihr Kind setzt eine gezielte Strategie ein, um Sie herumzukriegen – den Druck auf die Tränendrüse. Es jammert und bettelt, sieht tieftraurig aus und vergießt vielleicht sogar ein paar (Krokodils-)Tränen. Diese Masche zieht erstaunlich oft; denn die wenigsten Eltern ertragen es, ihr Kind traurig zu sehen. Bekommt der Sprössling dann seinen Willen, ist die Traurigkeit wie weggeblasen. Doch nur für kurze Zeit – bis der nächste Wunsch auftaucht.

Sie müssen Ihrem Kind diese Mitleidstour nicht übel nehmen; sie gehört zum Repertoire der kindlichen Tricks ganz einfach dazu. Andererseits brauchen Sie sich auch nicht auf diese Masche einzulassen. Falls Ihr Nachwuchs Ihnen wieder einmal vorjammert, was alle anderen haben und dürfen, kündigen Sie an, dass Sie sich davon selbst ein Bild machen und mit den Eltern der anderen reden wollen. Lehnt Ihr Kind das ab, so können Sie die Diskussion guten Gewissens für beendet erklären.

Schimpfwörter und Beleidigungen

Luisa, acht Jahre, kommt aus der Schule, wirft ihre Jacke und ihren Schulranzen in die Ecke und lümmelt sich an den Esstisch. Ihre Mutter, die gerade das Essen fertig macht, runzelt die Stirn: »Luisa, wie oft soll ich dir noch sagen, dass du deine Jacke aufhängen und den Schulranzen in dein Zimmer stellen sollst? Außerdem hast du dir die Hände noch nicht gewaschen. Mit ungewaschenen Händen brauchst du dich gar nicht an den Tisch zu setzen.« – »Also echt jetzt«, tönt Luisa kampfeslustig zurück, »du sagst nicht mal ›Hallo‹, sondern fängst sofort zu meckern an. Du bist vielleicht eine Stinkmorchel!« – »Luisa, was fällt dir ein! Untersteh dich, so was noch mal zu mir zu sagen.« »Stinkmorchel!«, wiederholt Luisa grinsend.

Wer oder was wird hier beschimpft?

Schimpfwörter gebraucht so gut wie jeder einmal, meist mit gutem Grund: Wenn sich Wut und Ärger in einem aufgestaut haben und das Fass überläuft, kann ein Kraftausdruck schon mal helfen, Dampf abzulassen. Da geht es Kindern nicht anders als Erwachsenen. Bei Kindern im Kindergarten- und Grundschulalter kommt noch ein Anlass hinzu: Sie wenden neu erlernte Schimpfwörter an, um ihre Wirkung zu testen, wie Luisa das offenbar bei ihrer Mutter gemacht hat.

Wie reagieren Sie richtig, wenn Ihr Kind Schimpfwörter und Kraftausdrücke gebraucht? Hier gilt es zu unterscheiden: Gegen wen oder was richtet sich die Beschimpfung? Wettert Ihr Nachwuchs zum Beispiel gegen die »Scheiß-Hausaufgaben« oder schreit er »Verdammter Mist!«, wenn ihm eine Sache misslungen ist, so können Sie das fürs Erste hinnehmen und die Diskussion darüber auf einen späteren Zeitpunkt vertagen, falls Sie das für nötig halten. Anders sieht es aus, wenn sich die Beschimpfung gegen eine Person richtet. »Du blöde Kuh!«, »Du Volltrottel!« oder »Du doofe Ziege!«, beispielsweise gegen Mutter, Vater oder Geschwister geäußert, sind Beleidigungen, die Sie nicht einfach akzeptieren sollten.

Doch auch hier gibt es Unterschiede. Handelt es sich um ein Schimpfwort, das eher lustig klingt und obendrein den Reiz des Neuen hat, können Sie die Sache locker nehmen: »Nun erklär mir doch mal, was eine Stinkmorchel ist und wo du das Wort herhast!« Oder Sie wenden eine Schlagfertigkeitstechnik an und stimmen der Kritik Ihres Kindes unerwartet zu: »Stinkmorchel stimmt genau – im Moment bin ich absolut ungenießbar!«

Wichtig: Definieren Sie die Grenze des Erlaubten

Welche Schimpfwörter in Ihrer Familie erlaubt sind und welche nicht, sollten Sie mit Ihren Kindern klar vereinbaren – und darauf achten, dass Sie sich auch selbst an die Regelung halten. Verletzende oder diskriminierende Bezeichnungen, die jemanden persönlich angreifen, sollten in jedem Fall tabu sein, zum Beispiel

»Fettsack«, »Spasti« oder »Vollidiot«. Für unschöne Kraftausdrücke, die als Ventil für angestauten Ärger dienen, sollten Sie die Grenze des Erlaubten definieren. Das kann in jeder Familie anders aussehen: Für die einen mag »Kacke« als tolerables Schimpfwort gelten, für die anderen gehört es schon zum verbotenen Vokabular. In jedem Fall können Sie unschöne Schimpfwörter durch lustige ersetzen. Lassen Sie Ihrer Kreativität freien Lauf und erfinden Sie Schimpfwörter, die neben dem Ventileffekt auch zur allgemeinen Erheiterung beitragen können: Schlabbersuppe, Schlammgrütze, Dudelsackmonster, Dampfnudelholzwalze... Es dürfen ruhig Wörter sein, die sich wütend herauszischen lassen, Hauptsache, sie verletzen niemanden.

Vereinbaren Sie nicht zuletzt Konsequenzen für den Fall, dass jemand doch mal ein verbotenes Schimpfwort benutzt. Das kann zum Beispiel ein Bußgeld sein, das der Betreffende in eine Sparbüchse wirft, oder die Verpflichtung, dem Beschimpften als Wiedergutmachung einen Gefallen zu tun.

Eins, zwei, drei – und Schluss mit Schimpfen!

Vor allem bei jüngeren Kindern lässt sich noch eine spezielle Unart beobachten: Sie geraten in ihrer Schimpflaune manchmal in ein solches Fahrwasser, dass sie mit den Kraftausdrücken einfach nicht mehr aufhören können. In solchen Fällen hilft nur eine Auszeit, um das Kind zu stoppen. Schicken Sie Ihren kleinen Rohrspatz in einen anderen Raum und machen Sie ihm deutlich: »Solange du solche Wörter benutzt, können wir nicht miteinander reden.«

Die 1-2-3-Methode kann in einem solchen Fall hervorragende Dienste leisten, vorausgesetzt sie wird richtig angewendet. Verzichten Sie darauf, Ihr Kind zurechtzuweisen, etwa im Stil von: »Untersteh dich, so was noch mal zu sagen!« Beschränken Sie sich strikt auf das Auszählen. Dann stehen die Chancen gut, dass Ihr Nachwuchs zu schimpfen aufhört, bevor Sie mit dem Zählen bei der Drei angekommen sind. Falls nicht, hat Ihr Kind in der Auszeit Gelegenheit, zu einer normalen Ausdrucksweise zurückzufinden.

Wutausbrüche und Aggressionen

Benno, sieben Jahre, möchte mit seinen Freunden Fußball spielen gehen. Doch seine Mutter, die gerade zwei Freundinnen zu Besuch hat, erlaubt es ihm nicht. »Du hast deine Hausaufgaben noch nicht gemacht«, sagt sie. »Du darfst erst gehen, wenn du fertig bist.« – Benno schießt die Zornesröte ins Gesicht. »Wenn ich fertig bin, ist das Spiel aus. Lass mich gehen!« – »Nein, Benno, du bleibst hier!« – »Lass mich gehen!«, brüllt Benno und tritt vor den Augen der Gäste mit dem Fuß gegen die Tür. Seine Mutter schafft es dennoch, fest zu bleiben. In ohnmächtiger Wut trommelt Benno mit den Fäusten auf den Tisch und wirft schließlich eine Vase zu Boden, so dass sie in tausend Scherben zerspringt.

Woher kommt die Wut?

Für Wutausbrüche und Aggressionen gibt es verschiedene Ursachen. Sehr oft steckt dahinter die Enttäuschung über einen nicht erfüllten Wunsch: Das Kind rastet aus, weil es seinen Willen nicht bekommt, wie in unserem Beispiel Benno. Auch Schimpfen und Strafen, Zurückweisung und Mangel an Beachtung können zu Wutausbrüchen führen. Umgekehrt kann ein allzu nachgiebiger Erziehungsstil zu aggressivem Verhalten führen: Das Kind fühlt sich zu wenig wahrgenommen und versucht, seine Eltern aus der Reserve zu locken.

Eine weitere Ursache für Wutanfälle können überzogene Erwartungen sein, die das Kind überfordern: Wenn überehrgeizige Eltern ihren Nachwuchs stets zu Bestleistungen antreiben, um sich vor anderen als Vorzeigefamilie zu präsentieren, fordern sie damit den Widerstand des Kindes heraus. Ein Übriges tun Reizüberflutung und falsche Medienvorbilder: In Film und Fernsehen erleben Kinder häufig, dass Rücksichtslosigkeit und (Waffen-)Gewalt als Zeichen von Stärke gelten.

Nicht zuletzt kann Bewegungsmangel eine Ursache für Aggressionen und Wutausbrüche sein. Spiel und Bewegung sind ein Grundbedürfnis aller Kinder. Doch viele Kinder wachsen heute in beengten Wohnverhältnissen auf, die wenig Raum und Gelegenheit für sportliche Bewegung bieten und damit kaum Möglichkeiten, überschüssige Energien loszuwerden (siehe auch den Abschnitt »Der Langeweile sportlich begegnen« in Teil 2, Kapitel 7).

Was tun bei einem Wutanfall?

Wenn die Wut Ihr Kind übermannt hat, werden Sie seinen Anfall kaum stoppen können. Versuchen Sie also nicht, es durch gutes Zureden zu besänftigen, noch weniger seinen Wutanfall durch strenge Zurechtweisung zu unterbinden. Das gilt besonders, wenn sich der Wutanfall vor Zuschauern abspielt. Das Kind darf nicht den Eindruck bekommen, dass es Ihnen weniger wichtig ist als die Meinung und die Erwartungen anderer Leute.

Einschreiten sollten Sie nur, falls die Gefahr besteht, dass das Kind in seiner Raserei sich oder andere verletzt oder ein wertvolles Objekt beschädigt. Ansonsten lassen Sie Ihren Nachwuchs fürs Erste gewähren und versuchen Sie, Ruhe zu bewahren. Gelingt Ihnen das nicht, so kann Distanz helfen: Bitten Sie Ihren Nachwuchs, auf sein Zimmer zu gehen, oder verlassen Sie selbst (wenn nötig mit Ihren Gästen) den Raum.

Hat sich Ihr Nachwuchs schließlich beruhigt, versuchen Sie, mit ihm sachlich über das Geschehene zu sprechen. Machen Sie ihm deutlich, dass Sie sein Verhalten nicht angemessen fanden, doch hüten Sie sich dabei vor Herabsetzungen und Vorwürfen. Vor allem sollten Sie Ihr Kind nicht als Person kritisieren, sondern ausschließlich sein Fehlverhalten beanstanden. Es braucht die Bestätigung, dass Sie es trotz seines Verhaltens annehmen.

Wichtig: Wohin mit der eigenen Wut?

Wenn Ihr Nachwuchs Sie mit seinen Wutausbrüchen so sehr in Rage gebracht hat, dass Sie selbst zu explodieren drohen, ist es wichtig, dass Sie eine Möglichkeit finden, Dampf abzulassen, ohne die Wut an Ihrem Kind auszulassen:

Machen Sie Ihrem Ärger Luft – im wahrsten Sinn des Wortes! Gehen Sie ins Freie und bewegen Sie sich in sportlichem Tempo. Je mehr Sie sich dabei körperlich verausgaben, desto eher legt sich die erste große Wut. In einer Umgebung, in der Sie sich ungestört fühlen, können Sie Ihren Ärger auch laut herausschreien.

Anstatt Ihrem Kind im ersten Zorn Ihre Vorwürfe an den Kopf zu werfen, schreiben Sie auf, was Sie ihm sagen möchten. Das hilft Ihnen, Ihre aufgewühlten Gefühle zu beruhigen und Ihre Gedanken zu ordnen. Generell sollten Sie sich genügend Zeit lassen, um zur Ruhe zu kommen. Falls nötig, schlafen Sie eine Nacht darüber. Am nächsten Tag sieht alles schon ein wenig anders aus. Holen Sie Ihre Notizen hervor und lesen Sie sie nochmals durch. Ergänzen Sie das Geschriebene durch Ihre heutige Sichtweise. Versuchen Sie dabei, auch die Motive Ihres Kindes zu sehen und sich in seine Lage zu versetzen.

Bitten Sie Ihr Kind bei passender Gelegenheit um Anregungen, wie Sie beide in einer ähnlichen Situation besser miteinander umgehen können, und bringen Sie eigene Vorschläge ein.

So können Sie Gefühlsausbrüchen vorbeugen

Zornesausbrüche von Kindern sind für alle Beteiligten schwer zu ertragen – auch für das Kind selbst. Deshalb ist es gut, wenn Ihr Kind beizeiten lernt, mit seiner Wut umzugehen. Sie können ihm dabei helfen.

Achten Sie vor allem darauf, dass Ihr Kind genügend Bewegung hat. Sofern es seinen Bewegungsdrang richtig ausleben kann, staut sich viel weniger Wut und überschüssige Energie in ihm auf. In Bennos Fall wäre es vermutlich besser gewesen, ihm das Fußballspielen mit den Freunden zu erlauben und dafür die Hausaufgaben auf einen späteren Zeitpunkt zu verschieben.

Umgekehrt braucht Ihr Kind auch eine Rückzugsmöglichkeit, wenn seine Sinne überreizt sind. Das Kinderzimmer bietet sich dafür jedoch nur an, wenn kein Fernseher oder Computer darin steht. Sonst kommt das Kind womöglich in Versuchung, am Bildschirm zu »chillen«.

Kinder, die zu Wutanfällen neigen, brauchen genauso wie andere – ja, sogar noch mehr – Anerkennung und Wertschätzung. Richten Sie Ihre Aufmerksamkeit daher besonders auf seine Stärken und Fähigkeiten. Das ermutigt Ihr Kind und stärkt sein Selbstwertgefühl.

Lügen, dass sich die Balken biegen

Die zwölfjährige Mia ist zur Party einer Schulkameradin eingeladen. Ganz hibbelig vor Aufregung fragt sie: »Mama, darf ich hingehen?« Die Mutter überlegt einen Moment. »Corinne ist doch gar nicht in deiner Klasse. Wie kommt sie denn dazu, dich einzuladen?« »Sie hat ja nicht nur mich eingeladen, sondern ganz viele aus meiner Klasse. Bitte! Die Eltern von Corinne sind auch da und passen auf, dass niemand Unsinn macht.«

»Na gut«, meint die Mutter, »aber du musst auch den Papa fragen!« »Hab ich schon, Mama, und er hat's mir erlaubt!« Freudestrahlend zieht Mia ab. Erst im Nachhinein erfährt die Mutter, dass Mia ihren Vater gar nicht gefragt hat. Und später stellt sich heraus, dass Mia mit Abstand die jüngste Partyteilnehmerin war – und dass Corinnes Eltern nicht anwesend waren ...

Warum lügt das Kind?

Wenn Kinder lügen, tun sie das gewöhnlich aus dreierlei Beweggründen. Die einen wollen sich einen Vorteil verschaffen, wie es ganz offensichtlich bei Mia der Fall war: Um die Bedenken der Mutter zu zerstreuen, hat sie ihr ganz einfach falsche Tatsachen vorgeflunkert. Andere Kinder lügen aus Angst: Sie haben zum Beispiel etwas angestellt und flüchten sich in eine Lüge, um einer drohenden Bestrafung zu entgehen. Und dann gibt es noch die Kinder, denen es an Selbstwertgefühl mangelt, so dass sie glauben, nur durch Lügengeschichten für andere interessant zu sein: Sie behaupten zum Beispiel, prominente Eltern zu haben, die mit allen Hollywood-Stars befreundet sind.

Allen drei Beweggründen ist gemeinsam, dass das Kind momentan keinen anderen Weg sieht als zu lügen, um sein Ziel zu erreichen. Und wenn es auf diese Weise Erfolg hat, wird es Lügen auch bei anderer Gelegenheit als Mittel einsetzen.

Lass uns darüber reden

Die meisten Eltern sind sehr betroffen, wenn sie feststellen, dass ihr Kind sie angelogen hat. Sie fühlen sich hintergangen, sehen ihr Vertrauen missbraucht und glauben, in ihrer Erziehungsaufgabe versagt zu haben. Sie fragen sich vielleicht auch, ob die Lügen womöglich nur der Anfang sind – und das Kind eines Tages auf die schiefe Bahn geraten könnte.

In einer solchen Situation hilft nur eines: das Gespräch mit dem Kind zu suchen. Warten Sie damit jedoch, bis sich Ihr innerer Aufruhr gelegt hat. In der akuten Situation sind Sie noch viel zu sehr mit Ihren eigenen Gefühlen beschäftigt, um angemessen auf das Kind eingehen zu können. Und auf Letzteres kommt es schließlich an, wenn Sie die näheren Hintergründe des Vorfalls erfahren wollen.

Doch selbst wenn Sie glauben, das Motiv für die Lügen Ihres Kindes bereits zu kennen, fragen Sie es danach. Machen Sie Ihrem Nachwuchs im Gespräch deutlich, dass Sie Lügen nicht als Bagatelle ansehen, aber auch nicht als unverzeihlichen Fehler. Vermeiden Sie den Eindruck, Sie wollten Ihr Kind verhören oder ihm Vorhaltungen machen, etwa so: »Warum hast du mich angelogen?« Fragen Sie stattdessen: »Was wolltest du denn mit dieser Lüge bezwecken?« Überlegen Sie gemeinsam mit Ihrem Kind, welche Möglichkeiten es gibt, seine Ziele künftig auf besserem Weg als durch Lügen zu erreichen.

Expertentipp: Seien Sie Ihrem Kind ein Vorbild!
Die individualpsychologische Beraterin Renate Freund[13] rät allen Eltern, in Sachen Wahrheitsliebe ihren Kindern stets ein Vorbild zu sein – mit gutem Grund:

Manchmal ist es bequemer, das Kind zu bitten, es möge sagen, die Mami sei nicht da, wenn man gerade nicht ans Telefon oder an die Tür möchte. Es ist auch einfacher zu behaupten, es seien keine Süßigkeiten im Haus, als sich mit dem Kind auseinanderzusetzen, ob es jetzt welche essen darf. Auch möchte man sich manchmal selbst in einem Bericht toller erscheinen lassen und fantasiert dann zum Erlebten noch einiges hinzu.

Doch wenn unsere Kinder das erleben, wird es ihnen schwerfallen, den Sinn und Nutzen von Wahrhaftigkeit einzusehen. Wir werden unglaubwürdig, wenn wir von ihnen Ehrlichkeit verlangen und sie für Unwahrheiten gar noch bestrafen, aber uns selbst darüber hinwegsetzen.

Miese Stimmung

Es ist Freitagabend. Mareike und Jens spielen mit ihren Kindern Lena, elf Jahre, und Julie, acht Jahre, ein Kartenspiel – ein gewohntes Ritual zum Wochenendbeginn. Julie hat sichtlichen Spaß dabei. Jedes Mal, wenn sie einen Stich macht, quietscht sie vor Vergnügen. Lena dagegen hockt mit missmutiger Miene am Tisch und scheint mit den Gedanken woanders zu sein. »Na komm, Lena«, versucht der Vater sie aufzumuntern, »mach kein so finsteres Gesicht! Freu dich doch ein bisschen über diesen schönen Start ins Wochenende!« Lenas Gesicht verdüstert sich noch mehr. »Mann, das nervt!«, faucht sie ihren Vater an. »Ich hab die Nase voll von diesem blöden Spiel...«

Gute Laune lässt sich nicht erzwingen
Alle Eltern kennen das: Ein missmutiges Kind kann der ganzen Familie die Laune verderben. So etwas will natürlich niemand gern zulassen.

Deshalb versuchen Eltern häufig – meist unbewusst –, ihr missgelauntes Kind durch ein Lächeln oder demonstrative Fröhlichkeit heiter zu stimmen. Leider gelingt das selten – eher passiert das Gegenteil: Die Laune des Kindes geht vollends in den Keller.

Diese Reaktion ist nicht allzu schwer zu verstehen: Jeder Mensch hat mal schlechte Laune – und will das Recht haben, sich so zu fühlen, wie er sich im Augenblick nun mal fühlt. Deshalb sollten Sie darauf verzichten, Ihrem Kind seine momentane Stimmung ausreden zu wollen, selbst wenn Sie keinen konkreten Anlass dafür sehen können. Vielmehr sollten Sie dem Kind zu verstehen geben, dass sie seine momentanen Gefühle wahrnehmen und akzeptieren. In Lenas Beispiel könnte das etwa so aussehen: »Heute macht dir das Spiel keinen großen Spaß, stimmt's? Wenn du lieber aufhören willst, ist das okay, aber wir freuen uns auch, wenn du mit uns weiterspielst.« Damit zeigen die Eltern ihrem Nachwuchs, dass ihnen seine momentane Verfassung nicht entgangen ist, dass sie sie akzeptieren und dass seine Teilnahme an der Spielrunde trotzdem willkommen ist – ohne dass das Kind zur Anwesenheit verpflichtet wird. So fühlt sich das Kind in seiner aktuellen Stimmungslage verstanden und angenommen.

Vielleicht vermuten Sie hinter der schlechten Laune jedoch eine tiefere Ursache, etwa Kummer oder ein konkretes Problem. Dann sollten Sie Ihrem Nachwuchs nicht nur Verständnis, sondern auch Ihre Bereitschaft zum Zuhören signalisieren: »Ich habe den Eindruck, du hast zurzeit etwas auf dem Herzen. Wenn du möchtest, kannst du gern mit mir darüber reden.« Hier kann die Technik des aktiven Zuhörens wertvolle Dienste leisten. Näheres dazu finden Sie im Abschnitt »Aktiv zuhören, Gesprächskiller meiden« in Teil 1, Kapitel 1.

Wie gesagt, schlechte Laune hat genauso ihre Existenzberechtigung wie gute. Sie gehört zum Auf und Ab der menschlichen Stimmungen einfach dazu. Sie muss weder weggelächelt noch unterdrückt werden. Über kurz oder lang wird sich die Atmosphäre dann von selbst wieder entspannen.

Mit Humor wird vieles leichter

Humor ist etwas völlig anderes als Gute-Laune-Zwang, er hat nichts mit künstlich erzeugter Heiterkeit zu tun, sondern sorgt in unerwarteten Augenblicken von selbst für Lachen und gute Stimmung. Lenas Beispiel hat gezeigt, dass sich gute Laune nicht erzwingen lässt. Doch es gibt immer wieder lustige Momente im Alltag, die man zum Anlass nehmen kann, um gemeinsam zu lachen. »Jedes Ding hat drei Seiten: eine positive, eine negative und eine komische«, so hat es der große Komiker Karl Valentin einmal ausgedrückt.

Wann immer sich also eine Gelegenheit bietet, Ihr Kind mit einer komischen Situation zum Lachen zu bringen, nutzen Sie sie. Zum Beispiel so wie Katja und Christoph:

>*Manchmal wechseln wir die Rollen: Alex wird zum Erzieher und wir Eltern benehmen uns so, wie er es manchmal tut. Wir betteln zum Beispiel mit weinerlicher Stimme: ›Bitte, bitte, noch nicht ins Bett, erst noch eine Geschichte!‹ Das macht Alex großen Spaß, weil er uns auch mal ermahnen darf. Wahrscheinlich erkennt er sich in unserem Benehmen selbst wieder, aber er fühlt sich deswegen nicht veräppelt, unser untypisches Verhalten ist für ihn einfach nur lustig. Und uns tut es auch gut, denn wir sehen manche Probleme weniger verbissen und können darüber lachen.*«

Umgekehrt ist es auch für Ihr Kind ein tolles Erlebnis, wenn es Sie zum Lachen bringen kann. Gönnen Sie Ihrem Nachwuchs solche Momente, indem Sie komische Situationen mit Humor nehmen. Mal angenommen, Sie versuchen, Ihren Nachwuchs mit wortreichen Ermahnungen zum Aufräumen seines Zimmers zu bewegen, und bekommen darauf die Antwort: »Zimmer aufräumen ist langweilig, da findet man eh nur seine eigenen Sachen!« Vergessen Sie in dieser Situation den pädagogischen Zeigefinger, lassen Sie Ihrem Humor die Oberhand und reagieren Sie ganz einfach – mit einem herzhaften Lachen!

Lachen erzeugt nicht nur gute Stimmung, sondern auch ein wundervolles Miteinander. Halten Sie deshalb im Alltag immer mal wieder inne und überlegen Sie: Haben wir heute schon zusammen gelacht?

Tipp: Der Witz des Tages

Fast alle Kinder sind empfänglich für Witze und lustige Wortspielereien. Wie wäre es daher, einen »Witz des Tages« zur festen Familieneinrichtung zu machen? Es gibt genügend Bücher mit netten Kinderwitzen oder Scherzfragen, da werden Sie sicher fündig. Hier paar Kostproben:

- Eine Kuh macht Muh, viele Kühe machen Mühe.
- Fragt der Walfisch den Thunfisch: »Was wollen wir tun, Fisch?« Sagt der Thunfisch zum Walfisch: »Du hast die Wahl, Fisch!«
- Was ist flüssiger als flüssig? – Die Schule, denn die ist überflüssig!

- Wohin fliegt die Wolke, wenn es sie juckt? – Zum Wolkenkratzer!
- Wieso trompeten Elefanten? – Weil sie so schlecht Geige spielen können!
- Was sitzt im Wald auf einem Baum und ruft: »Aha!« – Ein Uhu mit einem Sprachfehler!
- Wie heißt das Reh mit Vornamen? – Kartoffelpü!

4. »Paul hat angefangen!« – wenn Geschwister streiten

Sie sticheln und spotten, sie zetern und raufen – oft wegen Nichtigkeiten. Auseinandersetzungen zwischen Geschwistern strapazieren die Nerven der Eltern gehörig und stellen ihre Geduld auf eine harte Probe. Doch es bringt wenig, zu fragen, ob der Anlass einen Streit wirklich rechtfertigt und ob man Geschwisterkämpfe nicht irgendwie verhindern kann. Viel wichtiger ist, dass Kinder lernen, Streitigkeiten fair miteinander auszutragen. Die Eltern können ihnen dabei helfen – wenn sie Streitigkeiten nicht unterbinden und stattdessen versuchen zu verstehen, welche Motive und Gefühle hinter einem Streit stehen können.

Die alltäglichen Rangeleien

Maja, sechs Jahre, und ihre Schwester Teresa, acht Jahre, haben eben noch friedlich miteinander gespielt. Plötzlich fängt Maja an zu kreischen: »Hey, das ist meine Puppe, gib sofort her!« »Dann hol sie dir doch!«, gibt Teresa herausfordernd zurück, läuft mit der Puppe im Arm in ihr Zimmer und schließt die Tür zu. Maja rennt schreiend hinterher, rüttelt an der Klinke und poltert an die Tür. Der Vater, der sich eben in die Zeitung vertieft hat, steht verärgert auf, um dem Radau ein Ende zu machen.

Schreien ist keine Lösung
»Ruhe hier! Könnt ihr nicht mal eine Minute friedlich sein? Unmöglich, wie ihr euch benehmt!« Sätze wie diese, in lautstarkem Tonfall geäußert, wären in einem solchen Fall sicher keine untypische Elternreaktion. Doch was bewirkt das Geschrei?

Nicht viel Gutes, so viel steht fest – abgesehen davon, dass die Eltern Dampf ablassen können, bevor sich bei ihnen womöglich noch größerer Ärger anstaut. Die Kinder dagegen lernen aus dem Geschrei, dass ihre Eltern nicht in der Lage sind, das Problem auf souveräne Weise zu lösen, dass sie vielmehr hilflos dastehen und ihre Gefühle nicht unter Kontrolle haben. Mit einer Zurechtweisung im Stil von »Unmöglich, wie ihr euch benehmt!« fühlen sich die Kinder außerdem herabgesetzt und respektlos behandelt.

Alle Achtung

Wie können Sie Ihren Kindern souverän und wertschätzend begegnen – gerade in Situationen, in denen Sie zornig werden und in Versuchung geraten, Ihrem Unmut lautstark Luft zu machen?

Zunächst einmal hilft es, einen Moment innezuhalten und tief Luft zu holen. Vergegenwärtigen Sie sich in diesen Sekunden, dass Schreien keine Lösung ist, dass Vorwürfe, Drohungen und Strafen den Konflikt höchstens verschärfen. Machen Sie sich als Nächstes bewusst, welches Bedürfnis hinter Ihren momentanen Gefühlen steht, und äußern Sie das in einer angemessenen Ich-Botschaft: »Wenn es hier so laut ist, werde ich ärgerlich, weil ich mich nicht konzentrieren kann. Bitte seid leise!« Zeigen Sie Ihren Kindern auch Möglichkeiten auf, wie sie ihren Konflikt beenden können, doch schreiben Sie ihnen keine Lösung vor: »Vielleicht könnt ihr euch darauf einigen, dass ihr abwechselnd mit der Puppe spielt. Oder ihr überlasst die Puppe für eine Weile mir, damit ihr euch nicht darum streiten müsst. Das könnt ihr selbst entscheiden.« Mit dieser Haltung beweisen Sie Ihren Kindern Respekt und Wertschätzung.

Tipp: Dreiteilige Ich-Botschaften verwenden

»Schaut euch meine grauen Haare an – die hab ich alle wegen euch!« Solche Sätze lassen gestresste Eltern schon mal fallen, um ihrer Verzweiflung über den streitenden Nachwuchs Luft zu machen. Ob das Lamento bei den Kindern viel Einsicht bewirkt, ist fraglich. Eher steht zu befürchten, dass der Nachwuchs aus Empörung über die anklagenden Äußerungen noch mehr über die Stränge schlägt. Mit Ich-Botschaften können Sie Ihre Gefühle ohne Lamento und Vorwürfe äußern und damit wesentlich mehr erreichen. Am besten wirkt eine dreiteilige Ich-Botschaft, in der Sie

1. sagen, um welche Ausgangssituation es geht (»Wenn …«),
2. beschreiben, was Sie fühlen (»bin ich/werde ich …«),
3. erklären, warum Sie sich so fühlen (»weil …).

Beispiel 1: »Wenn ihr auf dem Heimweg von der Schule streitet und nicht rechtzeitig nach Hause kommt, werde ich nervös, weil ich befürchte, dass euch etwas passiert ist.«

Beispiel 2: »Wenn ihr euch gegenseitig eure Spielsachen kaputt macht, werde ich sauer, weil wir viel Geld dafür bezahlt haben.«

Blöde Kuh kämpft gegen Dummkopf

Die neunjährige Anna und ihr siebenjähriger Bruder Laurenz kabbeln sich mal wieder. Laurenz hat es sich gerade auf dem Sofa gemütlich gemacht und seine Lieblings-DVD eingelegt, da schnappt sich Anna die Fernbedienung und schaltet auf ein TV-Programm um. »Hau ab, du blöde Kuh!«, schreit Laurenz empört und angelt hilflos nach der Fernbedienung. »Selber blöd!«, gibt Anna höhnisch zurück, »lern du erst mal richtig lesen und schreiben, sonst bleibst du ewig dumm!« Sie schneidet so lange Grimassen und spottet »Dummkopf, Dummkopf!«, bis Laurenz heulend zur Mutter rennt.

Zurückhaltung üben oder eingreifen?

Wohl kaum etwas ist für Eltern schwerer mitanzusehen, als wenn ein stärkeres (meist älteres) Kind ein schwächeres (meist jüngeres) Geschwisterkind drangsaliert, sei es durch Worte oder durch Taten. Deshalb können die wenigsten den wohlbekannten Rat beherzigen, sich aus Geschwisterstreitigkeiten möglichst herauszuhalten. Dabei ist dieser Rat ohnehin nicht immer angebracht. Es gibt auch Fälle, in denen die Eltern mit gutem Grund eingreifen sollten.

Zurückhaltung ist zunächst einmal angebracht, solange es sich um eine harmlose Kabbelei oder um einen reinen Schaukampf handelt. In diesem Fall verfolgen die beiden Kampfhähne nur den Zweck, die Eltern auf den Plan zu rufen, um zu testen, für wen sie Partei ergreifen. In solchen Fällen genügt meistens ein bedauernder Kommentar: »Tut mir leid, dass ihr jetzt streiten müsst.« Sobald die Kinder merken, dass sich die Eltern nicht in ihre Streitigkeiten hineinziehen lassen, hat der Schaukampf auch schon seinen Reiz verloren.

Anders sieht es aus, wenn die Kinder so heftig aneinandergeraten, dass sie sich massiv beschimpfen, einander beleidigen oder sogar die Gefahr einer körperlichen Verletzung besteht.

Im Beispiel von Anna und Laurenz handelt es sich zu Beginn wohl um einen reinen Schaukampf. Doch als Laurenz anfängt, seine Schwester zu beleidigen, legt Anna ihrerseits Munition nach, um ihren Bruder an einem wunden Punkt zu treffen: bei seinen schwachen schulischen Leistungen.

Streit schlichten

Bei Geschwisterstreitigkeiten sollten Sie also von Fall zu Fall entscheiden, ob Sie eingreifen oder nicht. Falls Sie sich zum Handeln entschließen, achten Sie darauf, dass Sie nicht voreilig die Rollen des Täters und des Opfers festlegen. Denn sobald Sie für eine Seite Partei ergreifen, rückt Ihr Vorhaben, den Streit zu schlichten, in weite Ferne.

Und so in etwa könnte ein Schlichtungsgespräch zwischen Laurenz, Anna und ihrer Mutter aussehen:

Die Mutter beginnt:»Ihr möchtet, dass ich euch helfe, euren Streit zu beenden? Gut. Aber ich werde mich nicht in eure Auseinandersetzung einmischen, sondern nur das Gespräch leiten. Jeder von euch darf mir erzählen, was vorgefallen ist, aber ich möchte, dass ihr respektvoll miteinander umgeht und euch nicht beleidigt oder euch Schimpfwörter an den Kopf werft. Seid ihr beide damit einverstanden?« Die Kinder nicken.

»Gut, dann fangen wir an. Laurenz, wie kann ich dir helfen?« – »Ich möchte, dass mich Anna in Ruhe lässt und aufhört, Dummkopf zu mir zu sagen.« – »Und wie kann ich dir helfen, Anna?« – »Ich möchte, dass du Laurenz sagst, er soll mich nicht immer ärgern und nicht andauernd ›blöde Kuh‹ zu mir sagen.«

An dieser Stelle protestiert Laurenz entschieden. Er behauptet, es sei genau umgekehrt, Anna ärgere ihn noch viel mehr. Bevor die Beschimpfungen von Neuem losgehen, erklärt die Mutter:»Ich möchte jetzt keine Vorwürfe hören, sondern von jedem von euch erfahren, was vorgefallen ist. Wer fängt an?«

Jedes Kind erzählt nun den Vorfall aus seiner Sicht. Die Mutter fasst die jeweilige Version in neutralen Worten zusammen und geht dabei auch auf die Gefühle des Kindes ein:»Du wolltest dir die DVD anschauen, aber Anna hat umgeschaltet und dich ›Dummkopf‹ genannt. Da bist du wütend geworden. War es so?« – »Du wolltest sehen, was im Fernsehen läuft, aber Laurenz war dagegen und hat dich ›blöde Kuh‹ genannt. Das hat dich geärgert. Ist das richtig?«

Als Nächstes stellt die Mutter klar, dass nicht sie entscheidet, wie der Streit gelöst werden kann. Stattdessen regt sie die Kinder an, selbst nach einer Lösung zu suchen, indem sie fragt:»Was wollt ihr tun, damit ihr euch wieder vertragen könnt?«

Die Kinder suchen nun gemeinsam nach einer zufriedenstellenden Lösung. Nach kurzem Hin und Her können sie sich darauf einigen, dass Anna kurz ins andere Programm umschaltet und dann Laurenz seine DVD in Ruhe anschauen lässt.

Zum Schluss macht die Mutter noch einmal deutlich, dass sie keine gegenseitigen Beleidigungen wie »blöde Kuh« und »Dummkopf« duldet, und bittet jedes Kind, sich dafür beim anderen zu entschuldigen. Mit einem Händedruck schließen die beiden Kinder Frieden.

Expertentipp: Zum Streiten gehören zwei

»Du hast angefangen!« – »Nein du!« Mit solchen Schuldzuweisungen sind streitende Kinder bekanntlich schnell bei der Hand. Damit das Thema nicht zum neuen Zankapfel wird, empfiehlt Kristina Henry[14], Mediatorin und Mutter von zwei Kindern, folgendes Vorgehen:

Wenn Sie als Eltern im Geschwisterstreit vermitteln, lassen Sie Ihre Kinder nicht nur erzählen, was der jeweils andere getan hat, dass es zum Streit kam. Fragen Sie auch: »Was war dein Anteil am Streit?« Der Fehler beim anderen ist schnell gefunden. Viel schwerer ist die Erkenntnis, dass man gewöhnlich auch selbst etwas zum Streit beigetragen hat und das zugeben soll: »Okay, ich hab ihm die Fernbedienung weggenommen.« – »Na ja, ich habe ein Schimpfwort zu ihr gesagt.« Oft braucht es gar nicht viel mehr für eine schnelle Versöhnung. Wenn Ihre Kinder das schaffen, sind sie konfliktkompetenter als so mancher Erwachsene und haben viel über Eigenverantwortung gelernt.

Tauziehen um die Elternliebe

Ricarda, elf Jahre, und Sebastian, acht Jahre, diskutieren mit ihren Eltern über die Verteilung der Haushaltspflichten. Beide Kinder sind unzufrieden. »Sebastian muss nur die Mülleimer leeren, das macht er höchstens zweimal in der Woche. Und ich soll jeden Tag den Geschirrspüler einräumen«, beschwert sich Ricarda. »Ist gar nicht wahr!«, protestiert ihr Bruder. »Du bist doch mittags fast nie da und dann sagt die Mama jedes Mal, ich soll ihr beim Einräumen helfen.« »Kann ich was dafür, wenn ich zweimal in der Woche Nachmittagsunterricht habe? Außerdem, du und Mama helfen, dass ich nicht lache! Du räumst doch höchstens zwei Teller ein und das war's!« Als die Mutter diese Behauptung vorsichtig zurückweist, geht Ricarda auf die Barrikaden: »Das war ja klar, dass du mal wieder deinen kleinen Liebling verteidigst!« Sie springt auf, rennt aus dem Zimmer und knallt die Tür zu.

Wer ist Mamas oder Papas Liebling?

Ricardas Verhalten lässt darauf schließen, dass es ihr im Streit mit dem Bruder gar nicht um die Hausarbeit ging. Das wurde in dem Moment deutlich, als sich die Mutter in den Streit einmischte. So etwas lässt sich bei Geschwisterstreitigkeiten häufig beobachten. Sobald die Eltern eingreifen, um für ausgleichende Gerechtigkeit zu sorgen, wird offenkundig: Hinter den Streitereien der Kinder steckt nichts anderes als ein erbittertes Tauziehen um die Elternliebe.

Jedes Kind wünscht sich die ungeteilte Zuwendung der Eltern. Doch wenn Geschwister da sind, wird ihm diese von den anderen permanent streitig gemacht. Umso eifersüchtiger beobachtet das Kind, wie die Eltern mit den Geschwistern umgehen: Wen nimmt die Mutter am öftesten in den Arm, für wen hat der Vater die meisten anerkennenden Worte übrig? Und die Bitterkeit ist groß, wenn sich das Kind im Vergleich zu den anderen im Hintertreffen sieht.

Haben Sie Verständnis für solche Empfindungen und tun Sie sie nicht als Lappalie ab. Eifersucht kann schrecklich wehtun. Seien Sie aufrichtig zu sich selbst: Gibt es einen konkreten Grund für solche Eifersüchteleien? Schenken Sie einem Ihrer Kinder womöglich mehr Aufmerksamkeit und Zuwendung als den anderen? Wenn ja, sollten Sie sich bemühen, das auszugleichen. Vor allem aber sollten Sie für jedes Ihrer Kinder immer wieder einen passenden Moment finden, in dem Sie ihm bestätigen, wie lieb Sie es haben.

Tipp: Eine Perle für dich ...

Wie wichtig es ist, dass Eltern positives Verhalten wahrnehmen und ihren Kindern durch ein anerkennendes Wort zurückmelden, wurde an anderer Stelle schon gesagt (siehe Abschnitt »Ein Wort zu wenig« in Teil I, Kapitel I). Mit dem folgenden Experiment können Sie Ihre Wahrnehmung diesbezüglich schulen. Mehr noch, Sie können prüfen, ob Sie Ihre Kinder fair behandeln und jedem von ihnen gleich viel Aufmerksamkeit und Wertschätzung entgegenbringen.

Stecken Sie am Morgen ein paar Holz- oder Kunststoffperlen (zum Beispiel aus einer Bastelpackung) in die Taschen Ihrer Kleidung, für jedes Kind die gleiche Anzahl, aber jeweils in einer eigenen Farbe. Wenn Sie zwei Kinder haben, nehmen Sie beispielsweise für das eine Kind fünf gelbe und für das andere fünf blaue Perlen. Jedes Mal, wenn Sie bei einem Kind ein positives Verhalten beobachten, melden Sie es ihm mit einem anerkennenden Wort zurück: »Ich sehe, du hast ohne

Aufforderung mit den Hausaufgaben angefangen – das ist schön!« – »Ich habe bemerkt, dass du die Musik in deinem Zimmer von selber leiser gestellt hast, um niemanden zu stören, das freut mich!« Holen Sie bei jeder Anerkennung eine Perle aus der Tasche und legen Sie sie beiseite (die Kinder brauchen davon nichts zu bemerken).

Diese Übung hilft Ihnen, Ihre Aufmerksamkeit und Wertschätzung gleichmäßig auf alle Ihre Kinder zu verteilen. Sie müssen die Perlen im Lauf des Tages nicht alle »verbrauchen«, aber möglichst für jedes Kind in gleicher Anzahl. Die Perlen liefern Ihnen somit verlässliche Ergebnisse, die nicht von Ihrer subjektiven Einschätzung abhängen.

Der Eifersucht aufrichtig und einfühlsam begegnen

Wie sollen sich Eltern nun verhalten, wenn die Kinder offen um ihre Liebe und Zuwendung rivalisieren? Oder wenn ein Kind ganz direkt fragt: »Hast du meine Schwester lieber als mich?«

Eine solche Frage sollten Sie nie mit der Antwort abtun: »Nein, ich habe euch alle gleich lieb.« Das würde nicht der Wahrheit entsprechen. Zum einen ist es für Eltern grundsätzlich unmöglich, zu allen Kindern die gleiche Beziehung zu haben, denn jedes Kind hat sein eigenes Wesen, auf das die Eltern jeweils anders eingehen. Zum anderen kommt es vor, dass zwischen Mutter oder Vater und einem bestimmten Kind aus gewissen Gründen eine besondere Beziehung besteht, dieses Kind also tatsächlich eine Sonderstellung einnimmt.

Gerade in diesem Fall erfordert es von den Eltern größtes Feingefühl, der Frage, warum sie nicht mit allen Kindern gleich umgehen, aufrichtig zu begegnen. Viele Eltern wollen nicht einmal wahrhaben, dass sie mit ihren Kindern tatsächlich unterschiedlich umgehen. Doch gerade dieses Eingeständnis kann ihnen helfen, sich ihren Kindern zu erklären. Beispielsweise so: »Deine Schwester war als Kleinkind monatelang schwer krank und ich hatte große Angst, dass sie stirbt. Deshalb bin ich heute noch so besorgt um ihre Gesundheit und passe auf, dass sie sich warm anzieht und richtig isst. Bei dir bin ich weniger ängstlich, weil du nicht so anfällig bist. Aber es ist mir genauso wichtig, dass es dir gut geht und du gesund bleibst.«

Gleichbehandlung für alle Kinder ist so gesehen weder möglich noch nötig. Stattdessen sollten Sie jedem Ihrer Kinder zeigen: Du bist für mich genauso wertvoll wie dein Bruder (deine Schwester), auch wenn ich anders mit dir umgehe. Und niemand kann je deinen Platz einnehmen, weil du für mich einmalig bist.

Tipp: Rituale – die sanften Helfer
Bei Eifersüchteleien zwischen Geschwistern kann es helfen, mit jedem Ihrer Kinder ein eigenes Ritual zu pflegen. Es sollte für jedes Kind regelmäßig zu einer bestimmten Zeit stattfinden, das heißt an vereinbarten Wochentagen jeweils zu einer festgelegten Stunde. Und es sollte etwas sein, das nicht nur dem betreffenden Kind, sondern auch Ihnen etwas bedeutet: Das eine Kind hat vielleicht besondere Freude daran, wenn Sie mit ihm zusammen ein Fotoalbum anschauen und dabei Geschichten von früher erzählen. Das andere möchte lieber eines seiner Lieblingsspiele mit Ihnen spielen. So kommt jedes Kind auf seine Kosten und sonnt sich in dem Gefühl: Jetzt ist Mama oder Papa nur für mich da und genießt es genauso wie ich.

Alternativ können Sie mit Ihren Kindern jeweils das gleiche Ritual durchführen. Wichtig ist nur, dass Sie es mit jedem Kind einzeln zelebrieren. Sie könnten beispielsweise zur Schlafenszeit zu jedem Kind ins Zimmer kommen und gemeinsam mit ihm den Tag Revue passieren lassen: Was ist heute gut gelaufen? Was ist schiefgegangen? So erfahren Sie womöglich von Ereignissen, die sonst im Trubel des Alltags untergegangen wären. Auch versteckte Probleme oder schwelende Konflikte lassen sich auf diese Weise leichter aufspüren und bereinigen.

Achten Sie auf Fairness in der Familie
Etwas anderes als Gleichbehandlung ist Fairness. Achten Sie darauf, dass Sie keines Ihrer Kinder bevorzugt behandeln, indem Sie ihm gegenüber den anderen Privilegien einräumen. Das fängt schon bei den Kleinigkeiten an, etwa den Mitbringseln von einer Einkaufstour oder der Extraportion Eis als Nachspeise. Bei Geschenkwünschen, etwa zum Geburtstag oder zu Weihnachten, sollten Sie ein Preislimit vorgeben, das für alle gleichermaßen gilt. Übersteigt ein Wunsch diese Grenze, muss der Betreffende den Differenzbetrag eben selbst aufbringen.

Doch selbst wenn Sie noch so penibel auf Gerechtigkeit achten, es wird Ihnen immer wieder passieren, dass sich Ihre Kinder unfair behandelt fühlen, vor allem was ihre Rechte und Pflichten angeht, die ja ihrem jeweiligen Alter angepasst und daher unterschiedlich sind. So beschweren sich größere Kinder mit Vorliebe darüber, dass sie mehr Arbeiten im Haushalt übernehmen müssen als die jüngeren. Sie lassen jedoch gern die Tatsache außer Acht, dass sie dafür gewisse Vorrechte genießen, etwa abends länger aufzubleiben.

In solchen Fällen kann der Familienrat (siehe Kapitel 6 »Gemeinsam entscheiden im Familienrat« in Teil 1) wertvolle Dienste leisten. Sie erinnern sich: Im Familienrat sind alle Mitglieder gleichberechtigt und ihre Beschlüsse gelten nur, soweit sie einstimmig getroffen wurden. Wenn Ihre Sprösslinge also beispielsweise mit ihren jeweiligen Haushaltspflichten nicht einverstanden sind, können Sie das Thema im Familienrat zur Diskussion stellen – und sich entspannt zurücklehnen. Denn nun liegt es nicht mehr allein an Ihnen, sich passendere Aufgaben für Ihren Nachwuchs zu überlegen. Die Kinder selbst sind gefordert, angemessene Vorschläge einzubringen und so lange darüber zu verhandeln, bis sie eine einvernehmliche Lösung gefunden haben. Und das Beste daran: Sie müssen nicht befürchten, dass sich Ihre Kinder über Beschlüsse beschweren, an denen sie selbst mitgewirkt haben.

5. »Null Bock auf Schule!« – der Stress mit dem Lernen

Schule bedeutet Stress – nicht nur für die Kinder, sondern häufig auch für die Eltern. Je mehr sich diese bemühen, ihren lernunwilligen Nachwuchs zu größerem Eifer anzuspornen, desto mehr Widerstand ernten sie. Lernen gehört damit zu den klassischen Konfliktthemen: Umfragen zufolge gibt es in mehr als 50 Prozent der Familien mit Grundschulkindern mehrmals wöchentlich Streit wegen Lernen und Hausaufgaben.

Die Pflicht ruft vergebens

Tim, elf Jahre, geht auf sein Zimmer, um Hausaufgaben zu machen. Zumindest behauptet er das. Aber die Mutter kennt ihn und weiß, dass er ohne Ermahnung nicht in die Gänge kommt. Nach einer Viertelstunde beschließt sie daher, nach dem Rechten zu sehen – und sieht sich prompt in ihrer Erwartung bestätigt: Tim lümmelt auf dem Bett und hat sich in ein Spiel auf seinem Smartphone vertieft. Die Mutter schüttelt vorwurfsvoll den Kopf und setzt zu ihrer gewohnten Moralpredigt an.

Ohren auf Durchzug

»Ich habe dir doch schon hundert Mal gesagt, dass du erst deine Hausaufgaben fertig machen sollst, bevor es ans Spielen geht ...« So in etwa könnte der Satz lauten, mit dem Tims Mutter ihre täglichen Ermahnungen einleitet. Da sich am Verhalten des Juniors bisher jedoch nichts geändert hat, wird ihr Tonfall dementsprechend gereizt klingen. Doch gerade weil die Mutter nicht darauf verzichten kann, ihrem Unmut lautstark Luft zu machen, stellt Tim sich taub.

Wortreiche Ermahnungen nützen nichts. Das ist eine Erfahrung, die fast alle Eltern machen. Die meisten versuchen es erst einmal mit einem freundlichen Bitte-Satz: »Fang jetzt bitte mit den Hausaufgaben an!« Doch wenn der Nachwuchs nicht reagiert, wird der Aufforderung beim nächsten Mal mehr Nachdruck verliehen und ein gereizter Klang mischt sich in die Stimme: »Hast du nicht gehört, du sollst mit den Hausaufgaben anfangen!« Bleibt die gewünschte Reaktion auch diesmal aus, so steigern sich Tonfall und Lautstärke irgendwann in ein Schimpfen und Schreien, das dennoch zu keinem Ergebnis führt – höchstens zu einem schlechten Gewissen bei Mutter oder Vater, die sich selbst wieder einmal Erziehungsversagen vorwerfen.

Klare Ansage – und Punkt

Statt ständiger Ermahnungen ist es daher besser, klare Ansagen zu machen. Sagen Sie als Mutter oder Vater deutlich und bestimmt, aber nicht in gereiztem oder gar drohendem Ton:»Ich möchte, dass du bis vier Uhr deine Hausaufgaben erledigt hast, damit du pünktlich zum Handballtraining kommst.« Damit haben Sie Ihrem Kind einen klaren Zeitrahmen gesetzt.

Verlassen Sie nun das Zimmer und geben Sie möglichst nicht der Versuchung nach, zwischendurch nachzusehen, ob Ihr Nachwuchs seine Pflicht auch wirklich zu Ihrer Zufriedenheit erfüllt. Überlassen Sie die Verantwortung ruhig Ihrem Kind.

Tipp: Vertrauen ist gut, Kontrolle nicht immer

Kinder stellen sich auf gewohnte Verhaltensweisen der Eltern meist durch entsprechendes Verhalten ein. Wenn Sie ständig kontrollieren, ob Ihr Nachwuchs seine Pflichten wirklich erfüllt, wird Ihr Kind das gewiss nicht zum Anlass nehmen, eigene Initiative zu ergreifen, sondern für jeden Handgriff Ihre Aufforderung abwarten. So bleibt die Verantwortung letztlich an Ihnen hängen.

Durchbrechen Sie daher das gewohnte Schema, indem Sie eine neue Ansage machen:»Ich gehe jetzt und lasse dich in Ruhe arbeiten. Wenn du mit den Hausaufgaben bis vier Uhr nicht fertig bist, erledigst du den Rest der Arbeit nach dem Handballtraining.« Halten Sie sich an diese Ansage – auch wenn das für Ihren Nachwuchs bedeutet, dass nach dem Training beispielsweise die Fernseh- oder Computerzeit kürzer ausfällt. Diese Erfahrung wird Ihr Kind vermutlich kein zweites Mal machen wollen.

Wenn Kontrolle unumgänglich ist

Doch wie sieht es mit der Hausaufgabenkontrolle bei Grundschülern aus? Von Sechs- bis Zehnjährigen kann man schließlich noch nicht erwarten, dass sie ihre Aufgaben zu Hause selbstständig erledigen. Im Gegenteil: Die Eltern werden von den Lehrerinnen und Lehrern oft explizit dazu angehalten, ihre Kinder bei den Hausaufgaben zu beaufsichtigen.

Auch hier hilft es, das Kind zur Eigenverantwortung anzuleiten und ihm dabei einen Ansporn zu geben. Gerade jüngere Kinder in der ersten oder zweiten Klasse brauchen als Motivation immer wieder kleine Erfolgserlebnisse, damit sie lernen, die ungeliebte Pflicht, die Hausaufgaben nun einmal sind, auf sich zu nehmen.

Am besten teilen Sie die Hausaufgaben zu Beginn in mehrere kleine Abschnitte ein, die Sie in eine Tabelle eintragen. Lassen Sie Ihr Kind wählen, ob es mit der leichtesten oder mit der schwersten Aufgabe beginnen will. Die meisten entscheiden sich für die leichteste, denn die lässt sich am schnellsten erledigen und liefert dem Kind schon mal ein schönes Erfolgserlebnis. Jedes Mal, wenn es mit einer Aufgabe fertig ist, darf es den entsprechenden Abschnitt in der Tabelle mit einem dicken farbigen Stift abhaken.

Selbstverständlich müssen Sie während der Hausaufgaben nicht ständig neben dem Kind am Tisch sitzen – die meisten Kinder fühlen sich dabei ohnehin nur gestört. Sie sollten jedoch in der Nähe bleiben und jedes Mal, wenn Ihr Nachwuchs eine Aufgabe abhakt, prüfen, ob sie wirklich vollständig und zufriedenstellend erledigt wurde.

Sollte der Arbeitseifer Ihres Kindes merklich nachlassen, bevor es mit den Hausaufgaben fertig ist, können Sie einen Wecker oder eine Eieruhr einsetzen, um seinen Ehrgeiz erneut anzustacheln. Zu demselben Zweck können Sie bei Gelegenheit auch mal einen kleinen Wettbewerb arrangieren, indem Sie eine Mitschülerin oder einen Mitschüler Ihres Kindes zum gemeinsamen Hausaufgabenmachen einladen. Oder Sie probieren es mit folgendem Experiment, mit dem Magdalena bei ihrer Zweitklässlerin Lea auf Anhieb Erfolg hatte:

»Früher gab es bei uns immer ein Theater mit den Hausaufgaben. Jeden Tag hat es mich unendlich viel Zeit und Geduld gekostet, Lea so weit zu bringen, dass sie überhaupt erst mal anfängt, geschweige denn durchhält, bis alle Aufgaben erledigt sind. Ich konnte in dieser Zeit gar nichts anderes machen, als meine Tochter zu beaufsichtigen. Eines Tages habe ich dann einen tollen Tipp bekommen, den ich sofort ausprobiert habe: Ich habe Lea zur Hausaufgabenbetreuung zu unserer Nachbarin geschickt – und ihre Tochter Nora, Leas Freundin, kam dafür zu mir. Wir haben also einfach die Kinder getauscht. Plötzlich lief alles wie am Schnürchen. Bei Nora war ich sehr gelassen und entspannt, ich musste

sie überhaupt nicht ermahnen und sie hat sich jedes Mal gefreut, wenn ich ihr ein Lob ausgesprochen habe. Aber was das Erstaunlichste ist: Noras Mutter ging es mit Lea genauso.«

Fehler macht jedes Kind – doch wie damit umgehen?

Nun zu der Frage: Wie soll man sich als Mutter oder Vater verhalten, wenn man in den Hausaufgaben des Kindes Fehler entdeckt? Hier hilft die einfache Regel: ermutigen statt korrigieren. Vermeiden Sie es, mit dem Finger auf Rechtschreibfehler oder falsche Rechenergebnisse zu deuten oder Ihr Kind darauf hinzuweisen:»Bei Aufgabe Nummer 2 und 4 stimmt das Ergebnis nicht, die musst du nochmals machen!« Versuchen Sie stattdessen, Ihr Feedback so zu formulieren, dass es Ihr Kind nicht frustriert, sondern ermutigt.»Jetzt hast du schon vier Rechenaufgaben richtig gelöst, bravo! Die anderen beiden wirst du auch noch schaffen!«

Kinder, die ständig korrigiert werden, verlieren schnell die Lust am Lernen und Üben. Das hat auch Katja bei ihrem siebenjährigen Sohn Alex bemerkt – und prompt eine Lösung gefunden:

»Vor einiger Zeit ist mir aufgefallen, dass Alex nur noch widerwillig liest. Aber nur, soweit es das laute Lesen betrifft, er wollte nur mehr leise lesen. Irgendwann habe ich erraten, dass es meine Reinquatscherei, also das ständige Korrigieren ist, das ihn beim Lautlesen nervt. Jetzt darf mir Alex beim Lesebeginn den Mund zuschließen, er macht dabei eine Bewegung, als ob er einen Schlüssel im Türschloss umdreht. Ich darf den Mund vor Ende der Lesezeit nur aufmachen, wenn er mich was fragt. Am Ende der Lesezeit wird mein Mund wieder aufgeschlossen. Seitdem wir das so machen, muss ich Alex überhaupt nicht mehr korrigieren. Wenn er merkt, er hat einen Fehler gemacht, liest er den Satz von sich aus nochmals neu.«

Das Drama mit den Noten

Letzter Schultag und endlich Sommerferien: Nichts hat Amelia, elf Jahre, in den letzten Wochen stärker herbeigesehnt! Doch jetzt sitzt sie wie ein Häufchen Elend dem Vater gegenüber, der mit gerunzelter Stirn ihr Zeugnis durchsieht:»Eine Vier in Geschichte – also hör mal, in einem reinen Lernfach kannst du wirklich was Besseres abliefern! Und die Fünf in Mathe hättest du mit etwas mehr Eifer auch vermeiden können ...«

Für schlechte Noten gibt es viele Gründe

Wenn ein Kind schlechte Noten nach Hause bringt, so liegt für die Eltern der Fall meistens klar: Es lag am mangelnden Lerneifer. Sie beginnen dann meist sofort an der Lernschraube zu drehen, brummen ihrem Nachwuchs womöglich noch Fleißarbeiten in den Ferien auf. Dabei gibt es für schlechte Noten nicht nur diesen einen Grund. Es kommen auch andere Möglichkeiten infrage:

Zum Beispiel kann es sein, dass die Lernbedingungen zu Hause nicht den Bedürfnissen des Kindes entsprechen. Gerade Eltern, die es besonders gut meinen, erlegen ihrem Kind gern Zwänge auf, die es beim Lernen mehr behindern als fördern: Sie verlangen, dass die Hausaufgaben zu einem bestimmten Zeitpunkt – etwa gleich nach dem Mittagessen – erledigt werden. Sie fordern, dass das Kind auf seinem Stuhl sitzen bleibt, bis es mit den Hausaufgaben fertig ist. Und sie sind strikt darauf bedacht, jedes vermeintlich störende Umgebungsgeräusch auszuschalten. Nun gibt es jedoch Kinder, die nicht gleich nach dem Mittagessen lernen können, sondern erst einmal eine Ruhepause brauchen. Langes Stillsitzen fällt vor allem jüngeren Kindern schwer; sie brauchen zwischendurch Pausen, in denen sie sich bewegen können. Und was die Geräuschquellen betrifft: Manchen Kindern erleichtert es tatsächlich das Lernen, wenn nebenher flotte Musik läuft.

Auch Ängste können das Kind beim Lernen blockieren und insofern eine Rolle für schlechte Noten spielen: sei es Angst vor der Schule allgemein, vor Versagen in Prüfungen oder vor bestimmten Lehrern – nicht zu vergessen vor Mitschülern, deren Spott und Hänseleien das Kind womöglich ausgesetzt ist (siehe auch die Abschnitte »Jungenkämpfe, Mädchenkriege« und »Gewalt und Schülermobbing« in Teil 2, Kapitel 6).

Viele Kinder haben Konzentrationsprobleme, für die es wiederum verschiedene Ursachen gibt. Es kann zum Beispiel daran liegen, dass dem Kind effiziente Lerntechniken und ein strukturierter Ablauf fehlen, nach denen es effektiv vorgehen kann. Oder es steht ihm kein eigener bzw. kein optimaler Arbeitsplatz zur Verfügung. Manche Kinder leiden auch am sogenannten Aufmerksamkeitsdefizit-Syndrom, kurz ADS genannt, und haben deshalb grundsätzlich Schwierigkeiten, ihre Aufmerksamkeit über längere Zeit zu bündeln und zielgerichtet einzusetzen. Kinder mit ADS sind leicht ablenkbar und oft auch motorisch unruhig.

Strategien für besseren Lernerfolg

Je nachdem, welche Gründe für die schlechten Noten Ihres Kindes infrage kommen, haben Sie verschiedene Möglichkeiten, es beim Lernen sinnvoll zu unterstützen:

Fragen Sie Ihr Kind, welche Lernbedingungen es sich wünscht, und finden Sie durch Ausprobieren heraus, mit welchen ihm das Lernen am leichtesten fällt. Lassen Sie Ihren Nachwuchs auch Möglichkeiten ausprobieren, die Ihnen zunächst ungewöhnlich erscheinen: etwa beim Vokabelnlernen im Zimmer auf und ab zu laufen. Bewegung bringt nicht nur den Körper, sondern auch den Geist auf Touren.

Achten Sie außerdem auf genügend Pausen: Sechs- und Siebenjährige sollten sich jede Viertelstunde fünf Minuten Erholung gönnen. Später können die Abstände allmählich größer werden.

Falls Sie den Eindruck haben, dass Ihr Kind unter Ängsten leidet, sollten Sie das Gespräch mit ihm suchen. Lassen Sie Ihren Nachwuchs ungehindert erzählen und fallen Sie ihm nicht ins Wort. Zeigen Sie ihm, dass Sie seine Probleme ernst nehmen.

Bei Kindern mit Konzentrationsproblemen sind klare Strukturen und Abläufe wichtig: Anders als üblich, sollte das Kind beim Erledigen der Hausaufgaben mit den schwierigsten Aufgaben anfangen. Wenn die Konzentration dann nach einiger Zeit nachlässt, kann es die restlichen Aufgaben immer noch ohne übermäßige Anstrengung erledigen. Achten Sie zudem auf einen aufgeräumten Arbeitsplatz, der möglichst arm an Umgebungsreizen ist. Falls Ihr Kind darauf besteht, zu den Hausaufgaben Musik zu hören, sollte es möglichst ruhige, entspannende Musik sein, die das Kind nicht ablenkt.

Und was ist von der Idee zu halten, das Kind in den Ferien lernen zu lassen, damit es seinen Rückstand in problematischen Schulfächern aufholt und seine Noten verbessert? Solange es keinen zwingenden Grund dafür gibt – etwa dass nach den Ferien eine Prüfung ansteht –, lieber nicht! Ihr Kind braucht seine Ferien genauso wie Sie Ihren Urlaub. Oder würde es Ihnen Spaß machen, am Badestrand Ihre Arbeitsmappe auszupacken?

Tipp: Belohnen, aber richtig

Geld für gute Noten – das praktizieren viele Eltern, weil sie glauben, ihr Kind bekomme dadurch einen Motivationsschub fürs Lernen. Bei mehreren Kindern kann der Schuss allerdings nach hinten losgehen, weil Geldgeschenke, die unterschiedlich ausfallen, die Rivalität zwischen den Geschwistern verstärken.

Wie wäre es stattdessen damit, das Zeugnis mit einer gemeinsamen Unternehmung zu feiern, beispielsweise mit einem Restaurantbesuch oder einem Wochenendausflug? Ihr Nachwuchs bekommt damit Extrazeit von Mama und Papa geschenkt und obendrein die schöne Bestätigung, dass die Eltern seine Anstrengungen während der zurückliegenden Lernphase anerkennen.

Schuleschwänzen

Vor einigen Wochen hat das neue Schuljahr begonnen. Seither verhält sich Vanessa, zwölf Jahre, sehr eigenartig. Immer wieder behauptet sie morgens, dass es ihr nicht gut gehe. Mal klagt sie über Bauchweh, mal ist ihr übel, mal hat sie Kopfschmerzen. Den Eltern wird ihr Verhalten zunehmend suspekt. Als Vanessa wieder einmal darum bittet, ihr eine Entschuldigung für die Schule auszustellen, bleiben sie hart und schicken ihre Tochter zum Unterricht. Am nächsten Tag ruft die Lehrerin an und fragt, was mit Vanessa los sei. Das Mädchen habe seit gestern unentschuldigt gefehlt.

Was steckt dahinter?

Wenn Kinder die Schule schwänzen, kann es dafür diverse Gründe geben. Angst spielt dabei sehr häufig eine Rolle, beispielsweise vor einem Lehrer oder einer Lehrerin. Sowohl in der Grundschule, wo die Klassenleitung fast alle Fächer unterrichtet, als auch in einer weiterführenden Schule, wo die Klassen für fast jedes Fach eigene Lehrerinnen und Lehrer haben, passiert es immer wieder, dass ein Kind mit einer oder mehreren Lehrkräften nicht zurechtkommt. Zeigt das Kind gerade zum Beginn eines Schuljahres eine veränderte Einstellung zur Schule, so kann das mit neuen Lehrern zusammenhängen.

Auch Angst vor Mitschülern kann ein Grund für Schuleschwänzen sein. Es gibt immer wieder Schüler, die alle anderen in der Klasse terrorisieren oder ein einzelnes Kind als Opfer von gezieltem Mobbing auserwählen (siehe den Abschnitt »Gewalt und Schülermobbing« in Teil 2, Kapitel 6).

Ein weiteres Problem, das viele Kinder kennen, ist die Angst, bei Klassenarbeiten zu versagen und schlechte Noten zu bekommen. Es nützt allerdings nichts, dem Problem mit Schuleschwänzen zu begegnen, da die Leistungen dadurch erst recht abzusinken drohen.

Auch eine schwierige Situation in der Familie kann dazu führen, dass ein Kind nicht mehr zur Schule gehen will, zum Beispiel eine bevorstehende Scheidung der Eltern oder eine schwere Erkrankung eines Familienmitglieds.

Nicht zuletzt entwickeln manche Kinder mit Beginn der Pubertät eine Null-Bock-Haltung, die ebenfalls dazu führen kann, dass sie den Unterricht einfach schwänzen.

Eine Gratwanderung für Eltern

Grundsätzlich sind alle Eltern verpflichtet, dafür zu sorgen, dass ihr Kind regelmäßig zur Schule geht, denn bis zum 18. Lebensjahr gilt die Schulpflicht, sofern das Kind nicht vorher einen Schulabschluss gemacht hat. Bleibt das Kind dem Unterricht unentschuldigt fern, erhalten die Eltern einen Brief von der Schule. Nach wiederholtem Fehlen kann es sogar passieren, dass eines Morgens die Polizei vor der Haustür steht und das Kind zum Unterricht bringt. Nicht zuletzt droht den Eltern eine saftige Geldstrafe, wenn sie zulassen, dass ihr Nachwuchs die Schulpflicht missachtet.

Diese Umstände erleichtern Eltern den Umgang mit ihrem Schulverweigerer nicht unbedingt. Umso wichtiger ist, dass sie versuchen, den Ursachen auf den Grund zu gehen.

Falls Sie bemerken, dass Ihr Kind seit einiger Zeit nichts mehr über den Schulalltag erzählen will, dass es nach dem Unterricht in gedrückter Stimmung nach Hause kommt oder morgens öfter vorgibt, krank zu sein, sollten Sie das Gespräch mit ihm suchen. Verdeutlichen Sie ihm, dass Sie ihm keine Vorwürfe machen, sondern die Ursache für sein verändertes Verhalten erfahren wollen. Setzen Sie Ihrem Nachwuchs keine fertigen Lösungen vor, sondern suchen Sie gemeinsam mit ihm nach einer Lösung.

Suchen Sie auch das Gespräch mit der Klassenleitung. Schildern Sie ihr die Lage aus Ihrer Sicht und hören Sie sich umgekehrt die Sichtweise und Lösungsvorschläge der Lehrkraft an. In vielen Fällen lässt sich ein Ausweg aus dem Dilemma finden. Falls nicht, kann als letzte Möglichkeit ein Schulwechsel in Betracht gezogen werden.

Expertentipp: Schulverweigerung ernst nehmen

Die Sozialpädagoginnen und systemischen Familienberaterinnen Leonie Farnbacher und Sophie Krikos[15] raten Eltern zu einem einfühlsamen Umgang mit Kindern, die nicht zur Schule gehen wollen:

Schulverweigerung hat immer einen Grund. Klagt Ihr Kind über Bauchschmerzen, Übelkeit, Kopf- und Rückenschmerzen, sind das bereits die Folgeerscheinungen. Nehmen Sie das Leid Ihres Kindes unbedingt ernst! Helfen Sie ihm, Probleme zu lösen und Ängste zu überwinden. Um dem Druck von außen zu entgehen, melden Sie Ihr Kind krank. Ihr Kinderarzt wird Ihnen bei psychischen, seelischen und psychosomatischen Problemen ein Attest ausstellen. Lassen Sie Ihr Kind erst wieder die Schule besuchen, wenn es psychisch und physisch gestärkt ist. Bis dahin sollten die Ursachen geklärt und für Ihr Kind zufriedenstellend gelöst worden sein.

6. »Der Luka ist echt krass!« – schwierige Gefährten

Im Schulalter bekommen Freundschaften für Kinder eine immer größere Bedeutung. Anders als früher sind es nun nicht mehr die Eltern, die Kontakte knüpfen und die Freundschaften ihres Kindes anbahnen. Schulkinder wählen ihre Freundinnen und Freunde gewöhnlich selbst aus. Sie suchen gezielt nach Kindern, die ihnen interessant erscheinen. Doch nach wie vor ist es wichtig, dass die Eltern über die sozialen Kontakte ihres Kindes auf dem Laufenden bleiben und wissen, mit wem es Umgang hat.

Ob diese Freundschaft gut ist?

In Kürze feiert Emma ihren achten Geburtstag. Während sie noch damit beschäftigt ist, die Einladungskarten für ihre Geburtstagsfeier zu schreiben, sieht sich ihre Mutter die bereits fertigen Karten an, die Emma mit den Namen der Eingeladenen beschriftet hat. Plötzlich wird sie stutzig: Melissa? Ist das nicht die Klassenkameradin, die in der Schule immer für Ärger sorgt, weil sie ständig den Unterricht stört und die Anweisungen der Lehrerin missachtet? Ob das der richtige Umgang für ihre Tochter ist?

Neuen Freunden offen begegnen
Emmas Mutter kann froh sein: Sie wird bald Gelegenheit haben, das Mädchen mit dem schlechten Ruf persönlich kennenzulernen und sich ein eigenes Bild von ihr zu machen. Das ist weitaus besser, als sich auf Gerüchte zu verlassen, deren Wahrheitsgehalt fragwürdig ist.

Generell sollten Sie immer Interesse für die sozialen Kontakte Ihres Kindes aufbringen – nicht erst dann, wenn Ihnen ein Kontakt missfällt, etwa weil Sie fürchten, Ihr Kind könnte unter schlechten Einfluss geraten. Es verunsichert Kinder, wenn sie merken, dass die Eltern Vorbehalte gegen eine ihrer Freundschaften hegen, die womöglich auf bloßen Vermutungen beruhen. Unter Umständen kann das dazu führen, dass sich das Kind umso enger mit dem betreffenden Freund oder der Freundin zusammenschließt.

Dagegen fühlt sich Ihr Nachwuchs positiv bestärkt, wenn Sie seinen Freunden offen begegnen. Laden Sie einen neuen Freund oder eine neue Freundin Ihres Kindes bei passender Gelegenheit ein, um ihn oder sie näher kennenzulernen. Falls Ihnen am Verhalten dieses Kindes tatsächlich etwas missfallen sollte, können Sie das später, in einem ruhigen Moment, mit Ihrem Kind besprechen. Durch aktives Zuhören wird es Ihnen sicher gelingen, die Motive Ihres Kindes zu erfahren: Was findet es an dem betreffenden Kind so interessant? Warum ist ihm diese Freundschaft wichtig?

Je mehr Verständnis Sie aufbringen, desto eher wird Ihr Kind in der Lage sein, auch Ihre Sicht zu überdenken und seine neue Freundschaft kritisch zu hinterfragen. Und je mehr Ihr Kind spürt, dass Sie ihm vertrauen, desto besser wird es in der Lage sein, seinem Freund oder seiner Freundin gegenüber Position zu beziehen und ihm oder ihr nötigenfalls klarzumachen: »Ich mag dich, aber es ist nicht okay, wie du dich im Moment verhältst.«

Kinder brauchen Freunde

Jeder Mensch braucht Freunde, und das gilt auch für Ihr Kind, wenn es ihm gut gehen soll – daran sollten Sie immer denken. Eine Beziehung zwischen Gleichaltrigen ist etwas ganz anderes als die Eltern-Kind-Beziehung. Mit Freunden verhandelt man von Gleich zu Gleich. Mit ihnen kann man Geheimnisse teilen. In ihnen findet man Verbündete, die einem das Gefühl geben: Gemeinsam sind wir stark. Von ihnen erhält man wichtige – positive wie negative – Rückmeldungen über das eigene Verhalten. Freunde helfen einem Kind somit, seine Rolle im sozialen Gefüge zu finden.

Unterstützen Sie Ihren Nachwuchs deshalb dabei, Freunde zu finden, indem Sie gezielt Aktivitäten fördern, bei denen Ihr Kind auch außerhalb der Schule mit anderen Kindern zusammenkommt. Sie können Ihren Nachwuchs zum Beispiel in einem Verein oder einer Jugendgruppe (siehe nachfolgender Tipp) anmelden. Es trägt sehr viel zum Selbstwertgefühl des Kindes bei, wenn es sich von gleichaltrigen Kindern angenommen fühlt.

Tipp: Pfadfinder, die Freunde aller Menschen

Passende Freundinnen und Freunde kann Ihr Kind auch in einer Jugendgruppe der Pfadfinder finden. Diese religiös und politisch unabhängige Bewegung, die 1907 vom englischen Offizier Baden-Powell gegründet wurde, steht Jungen und Mädchen aller Altersgruppen (beginnend mit dem Grundschulalter) offen. Die Pfadfinder unternehmen viele spannende Freizeitaktivitäten, etwa Zeltlager, Wanderungen und Geländespiele, aber auch soziale Aktionen gehören zum Programm. Weltweit gehören derzeit nahezu 40 Millionen Kinder und Jugendliche der Pfadfinderbewegung an. Allen Gruppen ist dabei gemeinsam, dass sie für den Frieden und den Schutz der Natur eintreten. Wer sein Pfadfinderversprechen ablegt, gewinnt damit einen riesigen Freundeskreis, denn nach ihrem Grundsatz bezeichnen sich die Pfadfinder als »Freunde aller Menschen«.

Jungenkämpfe, Mädchenkriege

Selinas Eltern machen sich Sorgen. Was ihre Neunjährige aus der Schule berichtet, gefällt ihnen gar nicht. Da gibt es ein paar Jungs in der Klasse, die ständig über die Stränge schlagen: Sie spucken große Töne, benutzen häufig Schimpfwörter und werden auf dem Pausenhof manchmal sogar handgreiflich. Eine Clique von Mädchen scheint allerdings auch nicht besser zu sein: Da wird intrigiert, gestichelt und gepetzt, was das Zeug hält. Bisher hat sich Selina von beiden Gruppen ferngehalten. Doch ihre Eltern befürchten, dass sie über kurz oder lang Zielscheibe der Rangeleien wird – oder sich in die Mädchenclique hineinziehen lässt, deren Anführerin ihr mächtig imponiert.

Schülergruppen und ihre Anführer

Was die Rangeleien der Jungs betrifft, brauchen sich Selinas Eltern keine großen Sorgen zu machen: Im Grundschulalter grenzen sich Jungen und Mädchen gewöhnlich streng voneinander ab. »Jungs sind so blöd, die können nur rumhauen und Krach machen«, finden die Mädchen. »Mit albernen Zicken geben wir uns nicht ab«, meinen die Jungs. Stattdessen finden sich die Kinder in gleichgeschlechtlichen Grüppchen zusammen, in denen sie um Status und Rollen kämpfen: Wer ist der Bestimmer oder die Bestimmerin, wer muss sich unterordnen? Vor allem bei Jungs wird dieses Kräftemessen unermüdlich geübt. Neben verbalen Seitenhieben geht es da schon mal handfest zur Sache, um herauszufinden, wer das größte Durchsetzungsvermögen hat und damit die Position des Anführers verdient.

Doch auch bei den Mädchen geht es nicht gerade zimperlich zu – nur anders. Da werden die Köpfe zusammengesteckt und tuschelnd Nachrichten ausgetauscht, Außenstehende ins Visier genommen und naserümpfend bewertet. Auch hier gibt es gewöhnlich ein Mädchen, das in der Clique die Rolle der Anführerin übernimmt.

Sticheleien und Gerangel – wer soll eingreifen?

Cliquenbildungen und Gruppenkämpfe sind bei Schulkindern also zunächst einmal ganz normal. Bei den Rangeleien geht es oft auch nur darum, die Rangordnung innerhalb der Gruppe zu klären. Falls jedoch die Handgreiflichkeiten der Jungs und die verbalen Attacken der Mädchen ausufern und einzelne Kinder zur Zielscheibe werden, sollte dagegen etwas unternommen werden.

In erster Linie ist es Sache der Lehrer einzugreifen, wenn in der Klasse einzelne Schüler attackiert werden. Als Eltern haben Sie nur begrenzte Möglichkeiten, dagegen vorzugehen. Doch falls Sie befürchten, dass Ihr Kind das Opfer gezielter Angriffe wird oder geworden ist, sollten Sie sich auf jeden Fall an die Klassenleitung Ihres Kindes wenden. Da lernen Sie zum einen die Situation aus der Sicht der Lehrkraft kennen, zum anderen können Sie ihr wichtige Hinweise über Vorgänge geben, die ihr bisher womöglich entgangen sind.

Wichtig: »Faustlos« – das Gewaltpräventionsprogramm für Grundschulkinder

»Faustlos« ist der Name eines Curriculums, das der Heidelberger Professor Manfred Cierpka für die Grundschule entwickelt hat.[16] Das Programm soll aggressives Verhalten von Kindern vermindern und ihre soziale Kompetenz stärken. In 51 Lektionen bekommen die Schüler Bilder von Kindern in verschiedenen sozialen Situationen gezeigt und jeweils eine Geschichte dazu erzählt. In einer anschließenden Diskussion und im Rollenspiel werden die Themen dann gemeinsam bearbeitet.

»Faustlos« soll Kindern alters- und entwicklungsgerechte Kompetenzen in den Bereichen Empathie, Impulskontrolle und Umgang mit Ärger und Wut vermitteln. Mit Empathie ist dabei die Fähigkeit gemeint, sich in die Gefühle anderer hineinzuversetzen und darauf zu reagieren. Impulskontrolle bezeichnet die Fähigkeit, sich in schwierigen Situationen, etwa bei einem Interessenkonflikt, angemessen zu verhalten. Nicht zuletzt lernen die Kinder, mit ihrer Wut konstruktiv umzugehen, indem sie ihre Wünsche klar und bestimmt äußern, ohne dabei gewaltsam vorzugehen.

Das Gewaltpräventionsprogramm »Faustlos« gibt es auch schon für Kinder im Kindergartenalter. Im deutschsprachigen Raum gehört es heute in mehr als 10 000 Einrichtungen zum festen Bestandteil der pädagogischen Arbeit.

Auch Eltern können etwas tun

Wenn Ihr Kind die Zielscheibe verbaler oder physischer Attacken von Mitschülern geworden ist, haben Sie im Bereich der Schule wie gesagt nur geringe Möglichkeiten einzuschreiten. Zu Hause können Sie Ihrem Nachwuchs jedoch Rückhalt geben und ihm mit tröstenden und ermutigenden Worten Beistand leisten.

Hören Sie sich die Schilderungen Ihres Kindes aufmerksam an. Sprechen Sie ihm Mut zu, mit dem Problem fertigzuwerden. Überlegen Sie gemeinsam, mit welchen anderen Kindern in der Klasse es sich zusammentun kann, damit es den Angreifern nicht alleine gegenübersteht. Vielleicht können Sie ihm auch helfen, sich verbal oder mental gegen die Angriffe der anderen zu wappnen: zum Beispiel mit einem coolen Satz oder mit einem Fantasiebild, das den Angreifer unschön aussehen lässt, etwa mit einer langen Lügennase wie Pinocchio.

Und was tun, wenn der Nachwuchs sich umgekehrt einer Clique angeschlossen und aktiv an einer Attacke gegen einen Mitschüler oder eine Mitschülerin beteiligt hat? In diesem Fall müssen Sie Ihrem Kind klarmachen, wie sehr es mit seinem Verhalten andere verletzt. Lassen Sie das Argument nicht gelten, dass das Opfer des Angriffs oder der Ausgrenzung an seiner Situation selbst schuld sei, weil es sich »blöd benommen« habe. Ihr Kind soll wissen: Nichts rechtfertigt es, andere zu demütigen oder zu verletzen. Selbst wenn Ihr Nachwuchs einen Mitschüler oder eine Mitschülerin nicht mag, verdient derjenige oder diejenige es, fair behandelt zu werden. Falls ihr Kind sich schwertut, seiner Clique gegenüber diesen Standpunkt zu vertreten, sollte es dem Opfer gegenüber zumindest eine Geste der Versöhnung aufbringen: beispielsweise ein Wort der Entschuldigung oder ein kleines Geschenk.

Wichtig: Mediation in der Schule
Nicht nur in der Grundschulzeit, sondern auch in den nachfolgenden Schuljahren brechen immer wieder Konflikte zwischen Schülern aus, die sich ohne Vermittlung von außen nur schwer lösen lassen. Deshalb sind viele weiterführende Schulen inzwischen dazu übergegangen, Schüler als Mediatoren einzusetzen. Diese müssen zuvor eine mehrwöchige Ausbildung absolvieren, in der sie lernen, Konfliktgespräche nach einem festgelegten Ablauf zu moderieren. Ziel der Mediation ist es, dass die streitenden Parteien eine für sie akzeptable Lösung finden. Diese wird dann vertraglich festgehalten und nach einem gewissen Zeitraum auf Einhaltung überprüft. Oft handelt es sich bei den Streitigkeiten um Vorfälle, von denen die Lehrkräfte nicht einmal etwas mitbekommen haben. Schülermediatoren regeln jedoch nicht nur Streitigkeiten zwischen Kindern. Sie können auch eingesetzt werden, wenn Auseinandersetzungen zwischen einer Schulklasse und einer Lehrkraft zu schlichten sind.

Gewalt und Schülermobbing

Seit einigen Tagen zeigt Gabriel, zwölf Jahre, ein Verhalten, das seinen Eltern sehr missfällt. Morgens bummelt er ewig herum, so dass er jedes Mal zu spät zur Schule kommt. Zu Hause gibt sich der Junge so widerborstig und missgelaunt, dass seinen Eltern fast der Kragen platzt. Doch sie schaffen es, ihren Ärger beiseitezuschieben und in einer ruhigen Minute mit dem Jungen ins Gespräch zu kommen. Und nun erfahren sie endlich, was los ist: Der Anführer einer Clique aus einer höheren Klasse hat sich kürzlich Gabriels Smartphone »ausgeliehen« und es nicht zurückgegeben. Als Gabriel sich zaghaft beschweren wollte, drohte ihm die Clique mit Prügeln. Jetzt hat Gabriel Angst, dass es ihm ergeht wie einem Schüler der Parallelklasse, der seit Wochen von einer Schülergang schikaniert und gemobbt wird.

111

Körperverletzung ist strafbar, Mobbing (bisher) nicht

So bedrohlich es Gabriel zweifellos empfindet, was ihm zurzeit widerfährt – er und seine Eltern können trotzdem zuversichtlich sein. Denn sie haben etwas in der Hand, um sich gegen den Anführer der Schülerclique zu wehren. Jemandem gewaltsam seinen Besitz abzunehmen ist Raub und Erpressung. Dafür können Gabriels Eltern Anzeige erstatten, sofern sie keinen anderen Weg finden, das Smartphone zurückzubekommen. Jemanden zu verprügeln ist Körperverletzung und damit ebenfalls strafbar.

Anders sieht es bei Mobbing aus. Unter diesem Begriff versteht man in erster Linie seelische Grausamkeit: Wenn Schüler einen einzelnen Mitschüler immer wieder beschimpfen, sich über ihn lustig machen, ihn grundlos kritisieren, ihn wie Luft behandeln, Gerüchte über ihn verbreiten, ihm entwürdigende Ausdrücke an den Kopf werfen oder ihn vor anderen demütigen, so sind das alles Erscheinungsformen von Mobbing. Im Gegensatz zu Körperverletzung und Raub lässt sich Mobbing meist nur schwer nachweisen und gilt bisher auch nicht als Straftat. Mobbingopfer können sich lediglich auf die im Grundgesetz verankerten Rechte berufen, insbesondere auf Artikel 1, wo es heißt:»Die Würde des Menschen ist unantastbar.«

Was tun, wenn Ihr Kind ein Opfer von Mobbing geworden ist?

Mobbing kann einem Kind das Leben zur Hölle machen. Dabei gibt es auf die Frage»Warum ich?« oft nicht einmal eine Erklärung. Mobbingopfer werden meist rein willkürlich ausgewählt. Deshalb besteht auch kaum eine Möglichkeit, Mobbing vorzubeugen. Man kann sich nur dagegen wehren, wenn man bereits Opfer geworden ist.

Sollte Ihrem Kind so etwas widerfahren sein, braucht es umso mehr Ihre einfühlsame Zuwendung und Ihre Unterstützung, um für das Problem eine Lösung zu finden.

Da Mobbing das Selbstwertgefühl stark beschädigt, ist es wichtig, dass Sie Ihrem Kind in erster Linie die Bestätigung geben, dass an ihm nichts falsch oder schlecht ist. Es braucht die Schuld nicht bei sich zu suchen. Es sollte auch keinesfalls versuchen, sich zu verändern oder sich durch Geschenke von den Angriffen der Mobber»freizukaufen«. Denn gerade das zeigt den Tätern, dass sie mit ihrem Opfer machen können, was sie wollen.

Raten Sie Ihrem Kind, sich möglichst andere Kinder aus seiner Klasse als Verbündete zu suchen, damit es den Angriffen der Mobber nicht allein gegenübersteht. Es sollte sich außerdem einem Lehrer oder einer

Lehrerin anvertrauen. Er oder sie kann dann gemeinsam mit Ihnen und Ihrem Kind einen Plan ausarbeiten, wie Ihr Kind vorgehen sollte, falls sich ein neuer Angriff ereignet. Hilfreich ist daneben ein Mobbing-Tagebuch, in dem die einzelnen Vorfälle protokolliert und die Zeugen vermerkt werden.

Weitere hilfreiche Anregungen für Mobbingopfer und ihre Eltern finden Sie unter www.mobbingberatung.de.

Was tun, wenn Ihr Kind selbst ein Mobber ist?

Sollte sich herausstellen, dass Ihr Kind in einem Mobbingfall als (Mit-) Täter/in aufgetreten ist, dürfte Sie diese Entdeckung sicher schockieren. Trotzdem sollten Sie vor den Tatsachen weder die Augen verschließen noch versuchen, den Fall herunterzuspielen. Ebenso wenig sind Strafen geeignet, dem Verhalten Ihres Kindes Einhalt zu gebieten – ganz zu schweigen von körperlicher Züchtigung (die per Gesetz verboten ist).

Machen Sie sich bewusst: Kinder und Jugendliche, die andere mobben, brauchen Hilfe, damit sie ihr Verhalten verändern können. Zeigen Sie Ihrem Kind daher, dass es mit Ihrer Unterstützung rechnen kann.

Das bedeutet deswegen noch lange nicht, dass Sie sein Verhalten gutheißen. Führen Sie Ihrem Nachwuchs vor Augen, wie sich Mobbing auf die Opfer auswirkt, und machen Sie ihm deutlich, dass Gewaltanwendung auch rechtliche Konsequenzen haben kann.

Erklären Sie unmissverständlich, dass Sie weder körperliche Gewaltanwendung noch seelische Grausamkeiten tolerieren, auch keine Demütigungen und Beleidigungen.

Nehmen Sie nicht zuletzt selbst Unterstützung in Anspruch. In einer Erziehungsberatungsstelle oder beim Jugendamt finden Sie Rat und werden an Adressen verwiesen, bei denen Sie im Bedarfsfall weitere professionelle Hilfe erhalten können.

Wichtig: Cybermobbing – was man dagegen tun kann

In den letzten Jahren hat sich Mobbing zunehmend vom Schulhof in die digitale Welt verlagert. Eine Online-Studie des Bündnisses gegen Cybermobbing e. V. hat ergeben, dass etwa 17 Prozent der Schüler in Deutschland schon einmal Opfer von Cybermobbing geworden sind, die meisten davon im Alter zwischen 12 und 15 Jahren. Da werden Kinder und Jugendliche beispielsweise per

SMS, über soziale Netzwerke oder durch peinliche Videos auf einem Videoportal von ihren Mitschülern schikaniert, verhöhnt und bloßgestellt. Diese Art von Mobbing ist besonders schwer zu kontrollieren, denn was einmal im Internet kursiert, lässt sich nicht mehr löschen.

Ein Team um die beiden Psychologen Stephanie Pieschl und Torsten Porsch von der Universität Münster hat deshalb das Übungs- und Präventionsprogramm »Surf-Fair« entwickelt.[17] Es richtet sich in erster Linie an Lehrer/innen und Schüler/innen der fünften bis siebten Klassen. Kernstück des Programms ist ein Impulsfilm über einen Cybermobbingfall. Der Film stoppt an einer Stelle, wo eine Lösung für das Problem gesucht wird. Die Schülerinnen und Schüler bekommen dann die Aufgabe, nachhaltige Lösungen zu entwickeln.

7. »Jetzt lasst mich doch mal chillen!« – Stubenhockers Freizeitvergnügen

»No sports!« – diesen Standpunkt des ehemaligen englischen Premierministers Winston Churchill teilen nicht nur viele Erwachsene, sondern auch Kinder, deren Natur eigentlich vorrangig auf Bewegung ausgerichtet ist. Doch der Sog der Mattscheibe ist einfach stärker: Anstatt auf den Sportrasen begeben sich die Kids von heute lieber auf die Couch oder den Bürostuhl und sehen zu, wie auf dem Bildschirm andere in Aktion treten. Die Folge: Den kleinen Stubenhockern fehlt meistens der sportliche Ausgleich. Das wirkt sich in mehrerer Hinsicht negativ aus, da Bewegungsmangel nicht nur die Körpergeschicklichkeit und das Konzentrationsvermögen einschränkt, sondern auch schlechte Laune und Aggressionen erzeugt – die klassische Ursache für Konflikte.

Es flimmert der Bildschirm

Leonie, sieben Jahre alt, hat mit ihren Eltern eine Fernsehregelung vereinbart: Sie darf sich jeden Nachmittag nach den Hausaufgaben eine Kindersendung im TV ansehen. Danach soll sie den Fernseher selbstständig ausmachen. In letzter Zeit klappt diese Regelung kaum noch. Sehr zum Ärger der Eltern bleibt Leonie nach der Sendung meistens vor der Flimmerkiste sitzen und zappt sich durch die Kanäle.

Die guten Seiten des Fernsehens
Zunächst einmal: Sosehr allgemein über den wachsenden Medienkonsum der Kinder geklagt wird, das Fernsehen hat zweifellos seine guten Seiten und ist aus unserem Leben und dem unserer Kinder nicht mehr wegzudenken. Unbestritten leisten TV-Sendungen einen wichtigen Beitrag zur Bildung der Kinder – man denke nur an den Klassiker »Die Sendung mit der Maus«. Generell bieten kindgerecht aufbereitete Sachthemen in Fernsehsendungen und Computerspielen unseren Kindern vielfältige Möglichkeiten, ihr Wissen zu erweitern und spezielle Interessen zu entwickeln.

Doch selbst wenn das Fernsehen »nur« zu Spaß, Spannung und Unterhaltung dient, so ist dagegen nichts einzuwenden. Denn Unterhaltungssendungen erfüllen berechtigte Bedürfnisse der Kinder, wie etwa dem nach einer Leitfigur: In Fernsehhelden wie Bart Simpson oder Bibi Blocksberg kann das Kind alle Eigenschaften hineinlegen, die es selbst gerne hätte: Mut, Schlauheit, Durchsetzungsvermögen, Geschicklichkeit, Einfallsreichtum. Auch an liebenswerten Figuren wie SpongeBob finden viele Kinder Gefallen.

Fernsehen ist so gesehen eine Bereicherung für Kinder – solange man ein gesundes Maß einhält. Es kommt vor allem darauf an, eine vernünftige und altersgerechte Regelung zu finden.

Anregungen für eine alltagstaugliche Fernseherziehung

Für die TV-Regelung gilt wie für vieles andere in der Erziehung: Kinder brauchen Klarheit, Orientierung und Grenzen. Treffen Sie mit Ihren Kindern dementsprechend Absprachen, die ihrem jeweiligen Alter und Entwicklungsstand angemessen sind.

Für die TV-Zeiten können folgende Angaben zur Orientierung dienen: Sechs- bis siebenjährige Kinder sollten nicht länger als 45 Minuten täglich vor dem Fernseher sitzen. Bei Kindern bis zu elf Jahren kann die Zeit auf 60 bis 80 Minuten ausgedehnt werden, bei Zwölfjährigen sollte sie 90 Minuten nicht überschreiten.

Sie können bei dieser Regelung auch die Vorlieben Ihres Kindes berücksichtigen: Die meisten Kinder sehen am liebsten täglich fern, doch manche bevorzugen es, an bestimmten Tagen, etwa am Wochenende, ihre gesamte Fernsehzeit auf einmal zu nutzen. Dagegen ist nichts einzuwenden.

Wichtig ist auch, bei der Auswahl der TV-Programme auf die Altersangaben und Empfehlungen in den TV-Zeitschriften zu achten. So vermeiden Sie, dass Ihr Kind durch den Inhalt überfordert oder gar durch Gewaltszenen verängstigt wird.

Lassen Sie ein jüngeres Kind bei einer Fernsehsendung, die es zum ersten Mal sieht, möglichst nicht allein. Setzen Sie sich dazu (auch wenn Ihre Zeit knapp bemessen ist) und sprechen Sie mit Ihrem Nachwuchs anschließend über die Sendung. So helfen Sie ihm, das Gesehene richtig einzuordnen und zu verarbeiten.

Kinder setzen sich mit TV-Inhalten generell anders auseinander als Erwachsene. Sie versuchen, das Gesehene durch Mimik, Gestik und Rollenspiele zu verarbeiten. Je nachdem, wie stark ein Kind von einer Sendung emotional berührt ist, können solche Spiele mehr oder weniger dramatisch ausfallen. Vermeiden Sie auf jeden Fall, Ihr Kind in seinem Rollenspiel zu unterbrechen, selbst wenn Ihnen daran etwas missfällt. Warten Sie lieber ab, bis sich nach dem Spiel eine Gelegenheit zum Gespräch findet.

Tipp: Kinder lieben Wiederholungen

Sicher ist Ihnen schon aufgefallen, dass sich Kinder wieder und wieder dieselbe Geschichte anhören oder dasselbe Bilderbuch anschauen können, ohne dass es ihnen langweilig wird. Bei TV-Sendungen ist das gewöhnlich nicht anders. Machen Sie sich diese Vorliebe zunutze, indem Sie einige ausgewählte Kinderprogramme auf DVD aufnehmen oder kaufen. So kann sich Ihr Nachwuchs die jeweilige Sendung beliebig oft ansehen und den Inhalt dadurch besser verarbeiten.

Diese Möglichkeit hat einen weiteren Vorteil: Die Fernsehzeiten lassen sich dadurch beliebig portionieren. Denn viele Sendungen, die beispielsweise für ein sechs- oder siebenjähriges Kind interessant sind, dauern wesentlich länger als 45 Minuten. Teilen Sie daher eine Sendedauer von 90 Minuten einfach in zweimal 45 Minuten ein. Wenn die erste Hälfte um ist, weiß das Kind: Morgen geht es weiter.

Und wenn das Kind sich nicht an die Abmachung hält?

Wenn eine TV-Sendung allzu spannend ist, kommen Kinder schnell in die Versuchung, die verabredete Zeit über Gebühr auszudehnen. Das können Sie in einzelnen Fällen auch mal durchgehen lassen. Doch falls das Kind die vereinbarte Zeit öfter überzieht, sollten Sie das nicht einfach hinnehmen, sondern Gegenmaßnahmen ergreifen.

Die naheliegendste Möglichkeit besteht dabei in einer logischen Konsequenz: Die Fernsehzeit wird bei nächster Gelegenheit um so viele Minuten gekürzt, wie sie beim vorherigen Mal überzogen wurde.

Wenn der TV-Konsum schon seit Längerem aus dem Ruder läuft, können Sie für eine gewisse Zeit ein Gutscheinsystem einführen. Das Kind darf auf eine beliebige Anzahl von Kärtchen seine gewünschten Fernsehminuten aufschreiben – in der Summe die Fernsehzeit einer Woche. Jedes Mal, wenn das Kind fernsehen will, kann es einen oder mehrere Gutscheine einlösen. Doch falls das Guthaben schon am Mittwoch oder Donnerstag aufgebraucht ist, bleibt der Fernseher für den Rest der Woche aus. Hüten Sie sich auf jeden Fall davor, das Fernsehen als Erziehungsmittel einzusetzen – sei es als Belohnung oder als Strafe.

Kinder lernen daraus nur, dass es das Schlimmste ist, nicht fernsehen zu dürfen.

Generell sollte der Fernseher nicht dazu dienen, den Nachwuchs für eine Weile »ruhigzustellen«. Wenn Kinder merken, dass ihre Eltern die Fernsehzeit als angenehme Erziehungsauszeit empfinden, wird sie das kaum motivieren, dem Reiz des Fernsehens zu widerstehen und sich an die vereinbarte TV-Regelung zu halten.

Computersüchtig?

Micha, elf Jahre, macht seinen Eltern Sorgen. Seitdem er einen Computer im Zimmer stehen hat, hängt er ständig vor dem Bildschirm ab, vernachlässigt seine Hausaufgaben, seine Gitarrenübungen und sogar den bisher hochfavorisierten Freizeitsport. Computerspiele und Internet scheinen einen unwiderstehlichen Reiz auf ihn auszuüben. Die Eltern fragen sich besorgt: Was macht den Computer für unseren Sohn so unwiderstehlich? Ist er womöglich schon computersüchtig?

Computer-Kids: einige Fakten und Zahlen

Seit Jahren kann man beobachten, dass der Computer- und Internetkonsum bei Kindern und Jugendlichen stetig ansteigt. Das belegen unter anderem die sogenannten KIM-Studien des Medienpädagogischen Forschungsverbunds Südwest. Hier einige Ergebnisse der Studie aus dem Jahr 2012 zur Mediennutzung von Schulkindern: [18]

Etwa 20 Prozent der sechs- bis siebenjährigen Kinder haben heutzutage schon Erfahrungen mit dem Internet gesammelt, und mit zunehmendem Alter steigt der Anteil der jungen Internetnutzer nochmals deutlich an – bei den Zwölf- bis Dreizehnjährigen liegt er bereits bei 93 Prozent. Dabei steht Facebook bei allen Altersgruppen an erster Stelle unter den beliebtesten Websites, obwohl die Nutzung dieser Internet-Plattform laut Nutzungsbedingungen erst ab 13 Jahren erlaubt ist. Das lässt ahnen, wie viele Kinder sich allein, das heißt ohne Aufsicht der Eltern, im Internet tummeln.

Was die Dauer der täglichen Computernutzung angeht, so verbringen heute 16 Prozent der Sechs- bis Siebenjährigen laut eigener Angabe mehr als eine Stunde am Computer; bei den Acht- bis Neunjährigen sind es 20 Prozent, bei den Zehn- bis Elfjährigen 35 Prozent und bei den Zwölf- bis Dreizehnjährigen 44 Prozent.

Was Computerspiele und Internet für Kinder reizvoll macht

Was Kindern und Jugendlichen an Computerspielen gefällt, sind zunächst einmal die Merkmale, die Spiele ganz allgemein – also auch konventionelle, nichtdigitale Spiele – auszeichnen: Sie bieten Unterhaltung, Spaß und Spannung sowie Raum für Kreativität und Experimentierlust. Und ebenso wie bei konventionellen Spielen gibt es auch bei den digitalen Angeboten Strategiespiele, die das logische Denken herausfordern, oder Geschicklichkeitsspiele, die das Reaktionsvermögen schulen. Bei Computerspielen kommt jedoch eine besondere Komponente hinzu: die Interaktion mit dem Computer. Der Spieler kann sich in virtuelle Welten begeben und dort als »Weltgestalter« und »Weltveränderer« agieren, etwa in der Rolle eines Strategen, Managers oder Eroberers. Er kann den Level des Spiels beliebig variieren und dementsprechend seine Spielfortschritte kontinuierlich steigern. Nicht zuletzt kann sich der Spieler über das Internet bequem mit anderen Spielpartnern zusammenschließen, ohne die eigenen vier Wände zu verlassen. Das fördert zwar nicht gerade die sozialen Kontakte – ist jedoch sehr bequem.

Risiken lassen sich nicht durch Verbote eindämmen

Computerspiele bergen durch ihr hohes Suchtpotenzial aber auch eine große Gefahr. Wenn Kinder immer mehr Zeit am Computer verbringen, um sich Spannung und Glücksgefühle zu verschaffen, und wenn ihre Gedanken von morgens bis abends nur noch um den Computer kreisen, hat das auf lange Sicht fatale Folgen, sowohl für den Körper als auch für die Seele: Schlafmangel, ungesunde und unregelmäßige Ernährung, Bewegungsmangel, Einsamkeit und Isolation. Und wer einmal so tief in die Scheinwelt der Computerspiele eingetaucht ist, dass er nicht mehr davon loskommt, braucht professionelle Hilfe, um wieder ein normales Leben führen zu können.

Das ist noch nicht alles. Eine Studie der Universität Hohenheim und der Universität Lüneburg hat im Jahr 2011 gezeigt, dass Kinder, die zu Aggressionen neigen, besonders gern brutale Computer- und Videospiele spielen.[19] Es gibt zwar keine Belege dafür, dass gewalttätige PC- und Videospiele die Spieler auch im wirklichen Leben noch aggressiver machen; doch dies gilt nur für die in der Studie untersuchte Altersgruppe der Acht- bis Zwölfjährigen. Bei älteren Jugendlichen hat sich bereits herausgestellt, dass sich brutale Spiele eindeutig negativ auf das Verhalten auswirken. Somit kann man das Ergebnis der Studie von 2011 nicht als Entwarnung werten.

Die Sorge vieler Eltern um die Sicherheit ihres Kindes ist von daher nur zu verständlich. Wie sie mit dem Problem sinnvoll umgehen können, ist eine andere Frage.

Manche Eltern vertreten die Auffassung, sie müssten ihren Kindern Computerspiele verbieten, zumindest die Spiele, mit denen sie nicht einverstanden sind. Doch Verbote nützen wenig. Sie führen eher dazu, dass das Kind sich heimlich an den Computer setzt.

In Sachen Internetnutzung greifen Eltern manchmal auch zu einem sehr zweifelhaften Mittel, das in Amerika offenbar schon weit verbreitet ist: Sie spionieren ihrem Nachwuchs auf Facebook hinterher. Dass sie damit das Vertrauen ihres Kindes missbrauchen, machen sich viele nicht klar. Doch im Prinzip ist die heimliche Kontrolle auf der Social-Media-Plattform nichts anderes als heimliches Lesen von Briefen und Tagebucheinträgen.

Sinnvolle Computerregelungen

So verständlich die Sorge der Eltern sein mag: Angst ist generell ein schlechter Ratgeber. Denn sie blockiert uns und schränkt unsere Handlungsfähigkeit ein.

Stattdessen sind genau wie beim Thema Fernsehen auch für Computerspiele und Internetnutzung klare Regelungen gefragt. Hinsichtlich der täglichen Nutzungsdauer können Sie sich dabei an die Empfehlungen halten, die auch fürs Fernsehen gelten (wobei die Computerzeiten nicht zu den Fernsehzeiten hinzugerechnet werden sollten!): Ein vernünftiger Zeitrahmen sind maximal 45 Minuten für Sechs- bis Siebenjährige, 60 bis 80 Minuten für Acht- bis Elfjährige und 90 Minuten für Zwölfjährige. Da Computer und Internet heute allerdings zunehmend auch für die Schule eingesetzt werden, sollte man diese Nutzung vom reinen Freizeitvergnügen trennen.

Lassen Sie sich die Spiele von Ihrem Nachwuchs erklären, um zu verstehen, was er daran so interessant und reizvoll findet. Dabei können Sie von den PC-Kompetenzen Ihres Kindes unter Umständen für sich selbst profitieren. Ihr Kind ist in Sachen neue Medien vermutlich besser auf dem Laufenden als Sie. Zeigen Sie ihm, dass Sie seine Kompetenz anerkennen. Doch machen Sie Ihrem Nachwuchs auch deutlich, was Ihnen an den Computerspielen, mit denen Sie nicht einverstanden sind, missfällt.

Sprechen Sie mit Ihrem Kind über die Risiken bei der Nutzung des Internets: Welche Gefahren lauern in Chaträumen? Warum sollte sich das Kind keinesfalls mit einer fremden Chatbekanntschaft zu einem realen Treffen verabreden?

Vereinbaren Sie mit Ihrem Nachwuchs: Computerspiele sind erlaubt, sofern auch Sport getrieben wird. Welche Spiele erlaubt sind, wie lange die tägliche Spielzeit dauern darf und wie viel Sport als Ausgleich vorgesehen ist, können Sie in einem Vertrag festlegen.

Tipp: Schließen Sie mit Ihrem Kind einen Vertrag ab!
Verträge gibt es nicht nur im Geschäftsleben, sie können auch zwischen Eltern und Kindern geschlossen werden. Kinder lieben Verträge, weil sie sich damit ernst genommen fühlen, und halten sich meist auch besser an eine schriftliche als an eine mündliche Vereinbarung. Ein Vertrag zwischen Eltern und Kind kann in Sachen TV- und Computerregelung beispielsweise so aussehen:

»Wir Eltern verpflichten uns, dir (Name des Kindes) täglich 80 Minuten Fernseh- oder Computerzeit zu erlauben. Du kannst beliebig unter folgenden TV-Sendungen und Computerspielen wählen: (Fügen Sie hier eine entsprechende Liste ein.)

Für alle Sendungen und Spiele, die nicht auf dieser Liste stehen, fragst du erst um Erlaubnis. Umgekehrt verpflichtest du dich, dreimal wöchentlich zu deinen Sportstunden zu gehen und dich zusätzlich mindestens drei Stunden pro Woche im Freien zu bewegen. Du notierst alle Spiel- und Sportzeiten und legst uns das Protokoll am Ende der Woche vor.«

Einen solchen Vertrag können Sie gemeinsam mit Ihrem Kind oder Ihren Kindern im Familienrat erarbeiten und durch Unterschrift aller Beteiligten besiegeln. Wenn Ihr Nachwuchs in die Planung einbezogen wurde, wird er sich auch weitgehend daran halten. Hundertprozentige Vertragserfüllung können Sie jedoch nicht erwarten. Legen Sie daher auch schriftlich fest, wie viel Erinnerung vonseiten der Eltern erlaubt ist.

Volle Dröhnung

Lars, zwölf Jahre, hockt gelangweilt in seinem Zimmer. Die Hausaufgaben hat er halbherzig erledigt, jetzt müsste er eigentlich zum Leichtathletiktraining aufbrechen, doch er kann sich nicht dazu aufraffen. Viel lieber würde er fernsehen oder am Computer spielen, aber er besitzt weder ein eigenes TV-Gerät noch einen PC. Und die Geräte der Eltern darf er nicht einschalten, weil er die vereinbarte Computer- und TV-Zeit für diese Woche schon ausgeschöpft hat. Missmutig angelt sich Lars eine CD aus dem Regal und dreht die Musikanlage auf. Sekunden später stürzt der Vater ins Zimmer und schimpft: »Du bist wohl völlig verrückt geworden! Bei dem Lärm wackeln ja die Wände, gleich stehen die Nachbarn vor der Tür!«

Lautstärke reduzieren – durch gemäßigten Ton

Verständlich, dass der Vater sich beeilt, den Junior in die Schranken zu weisen, bevor es Ärger mit den Nachbarn gibt. Mit Schimpfen und Schreien dürfte er allerdings nicht weit kommen, schon gar nicht mit einer herabsetzenden Du-Botschaft (siehe den Abschnitt »Das ›Du‹ erzeugt Abwehr« in Teil 1, Kapitel 1). Zumindest stehen die Aussichten schlecht, beim Sohn damit Einsicht und rücksichtsvolles Verhalten zu bewirken.

Vermutlich kennen Sie bessere Möglichkeiten, Ihrem Sprössling in einem solchen Fall ohne Gardinenpredigt klarzumachen, was Sie von ihm wollen. Beispielsweise indem Sie ins Zimmer gehen, die Anlage leiser drehen und klar und bestimmt zu Ihrem Kind sagen: »Das ist zu laut – da bekommen wir Ärger mit den Nachbarn!«

Nun kann es allerdings sein, dass die Auseinandersetzung damit noch nicht beendet ist, etwa weil Ihr Kind nicht einsehen will, dass die Musik tatsächlich zu laut ist. In diesem Fall sollten Sie auf einen Zeitpunkt verweisen, zu dem Sie mit Ihrem Kind in Ruhe über die Sache sprechen wollen. Hierzu bietet sich beispielsweise eine Sitzung des Familienrats an. Verzichten Sie in dieser Besprechung auf Vorhaltungen und suchen Sie stattdessen gemeinsam mit Ihrem Nachwuchs nach einer Möglichkeit, die für jede Seite zufriedenstellend ist. Die Lösung kann dann zum Beispiel so aussehen wie bei Claudio und seinem Sohn Luis:

»Wir hatten früher oft Ärger mit den Nachbarn, weil Luis ausgerechnet in der Mittagszeit immer Musik gehört hat. Wir haben deshalb beschlossen, ihm zu seinem zwölften Geburtstag Kopfhörer zu schenken. Das war für alle Beteiligten eine zufriedenstellende Lösung.«

Der Langeweile sportlich begegnen

Das Problem der Langeweile ist mit dem Kauf von Kopfhörern natürlich nicht gelöst. Hier gilt es, andere sinnvolle und zufriedenstellende Möglichkeiten zu finden. Eine davon lautet: Sport.

Kinder im Schulalter brauchen reichlich Sport und Bewegung – als Ausgleich zum Stillsitzen in der Schule, bei den Hausaufgaben, bei den Mahlzeiten, ganz zu schweigen von den Stunden, die sie sitzend in ihrer Freizeit verbringen: beim Fernsehen, bei digitalen Spielen oder beim Musikhören. Sportliche Bewegung wirkt sich in vieler Hinsicht positiv auf Körper, Geist und Seele aus: Sie verbessert die Körperwahrnehmung, das Gleichgewicht, die Koordination und die grob- und feinmotorischen Fähigkeiten. Sie hilft, überschüssige Energie und Spannungen abzubauen. Und sie sorgt für den nötigen Sauerstoffnachschub und verbessert dadurch die Konzentration und Merkfähigkeit – eine wesentliche Voraussetzung für den schulischen Erfolg.

Die Wirklichkeit sieht indessen anders aus. Es fängt schon mit dem Sportunterricht in der Schule an, der bei vielen Kindern zum einen nicht sonderlich beliebt ist, zum anderen als Ausgleich zum Stillsitzen bei Weitem nicht ausreicht. Bei vielen Kindern kommt leider auch der Freizeitsport viel zu kurz. Allerdings muss ein Kind noch lange kein Sportmuffel sein, wenn es – wie in unserem Beispiel Lars – sein sportliches Freizeittraining vernachlässigt. Es kann ebenso gut daran liegen, dass die gewählte Sportart einfach nicht (mehr) die richtige ist. Hier lohnt es sich, der Ursache für die Bewegungsunlust auf den Grund zu gehen und sich eventuell nach einer neuen Sportart für den Nachwuchs umzusehen.

Tipp: Geeignete Sportarten für Kinder von sechs bis zwölf Jahren
Wenn Sie für Ihr Kind eine passende Sportart suchen, sollten Sie sich als Erstes bei den örtlichen Sportvereinen umsehen. Viele bieten ein Schnuppertraining zum Kennenlernen an. Klären Sie vorab, ob Ihr Kind eher zum Einzeltraining oder zum Mannschaftssport tendiert, und stellen Sie Ihre eigene Meinung dazu zurück. Schließlich sollte der Sport in erster Linie Ihrem Kind Spaß machen, sonst wird es sicher nicht lange dabeibleiben. Im Folgenden finden Sie eine kleine Auswahl an beliebten Sportarten, die sich für Kinder von sechs bis zwölf Jahren besonders gut eignen:
- *Fußball* gilt bei Jungen als die unbestrittene Nummer eins unter den Sportarten; er erfordert Ausdauer und Schnelligkeit, trainiert die Muskulatur und Koordination und stärkt den Teamgeist.
- *Handball* ist bei Jungen ebenfalls ein sehr beliebter Mannschaftssport, der ähnliche Fertigkeiten wie Fußball erfordert: Schnelligkeit, Ausdauer, Koordination, Kraft, Raumgefühl und Teamgeist.

- *Judo* fördert die Grob- und Feinmotorik, trainiert die Körperkoordination und Kraftdosierung, stärkt die sozialen Kompetenzen und das Selbstwertgefühl.
- *Karate* erfordert exakte Bewegungen und trainiert damit die Konzentration, Koordination und Kraftdosierung; der Sport fördert nicht zuletzt die Selbstbehauptung.
- *Leichtathletik* ist gut für den Aufbau der gesamten Muskulatur und die Kraftentwicklung, fördert die Schnelligkeit und trainiert die Körperkoordination.
- *Reiten* ist vor allem bei Mädchen sehr beliebt; es trainiert die Körperkoordination und Geschicklichkeit, verbessert das Gleichgewicht und die Konzentration, stärkt die Beziehungsfähigkeit und das Verantwortungsgefühl.
- *Tennis* stärkt den Kampfgeist und das Durchhaltevermögen; der Sport eignet sich auch für Kinder, die beim Laufen keine große Ausdauer aufbringen.
- *Tischtennis* erfordert Schnelligkeit und hohes Reaktionsvermögen, fördert die Konzentrationsfähigkeit, Geschicklichkeit und Körperkoordination.

Ihr Nachwuchs kann sich für keine dieser Sportarten begeistern? Dann sagt ihm vielleicht ein ausgefalleneres Training zu, wie etwa Eishockey, Eiskunstlauf, Fechten, Kajakfahren, Kickboxen, Klettern, Kung-Fu, Kunstturnen, Rhönradturnen oder Stabhochsprung.

Bewegung im Alltag

Neben dem Schulsport und dem Freizeitsport im Verein können Sie Ihrem Kind auch im Alltag vielerlei Bewegungsmöglichkeiten für drinnen und draußen bieten. Hierzu einige Anregungen:

Statten Sie die Räume Ihres Heims, besonders das Kinderzimmer, mit vielfältigen Bewegungsangeboten aus. Nicht nur starre Sitzmöbel sollten dort ihren Platz finden. Vor allem jüngere Kinder brauchen als Ausgleich auch Polster, Matratzen und Schaumstoffteile zum Hüpfen, Purzeln und Toben sowie eine Sprossenwand oder Strickleiter zum Klettern. Zu empfehlen ist außerdem ein Gymnastikball, den das Kind nach Belieben für sportliche Bewegung oder als Sitzmöbel benutzen kann – auch bei den Hausaufgaben.

Ideale Geräte für drinnen und draußen sind unter anderem auch Gummitwist, ein Hüpfball, ein Springseil, Dosen- oder Blockstelzen

124

und ein Balancierbalken. Im Winter oder bei anhaltendem Regenwetter kann ein Balancierparcours im Haus eine reizvolle Abwechslung bieten: Legen Sie mit Klebebändern, Seilen, Balken und Holzscheiben eine Art Rundweg an, auf dem Ihr Kind balancierend seine Geschicklichkeit austesten kann.

Bewegung im Freien bieten neben Spielgeräten wie Ball, Tischtennis, Federball oder Schaukel auch Inlineskates, Skateboard, Fahrrad, Schlitten oder Schlittschuhe.

Werden Sie nicht zuletzt selbst sportlich aktiv und bewegen Sie sich mit Ihrem Nachwuchs im Freien. Beim gemeinsamen Joggen im Park, bei Lauf-, Werf- oder Fangspielen im Garten oder auf der Wiese kommen Spaß, gute Laune und ein schönes Gemeinschaftsgefühl auf.

8. »Ihr versteht mich einfach nicht!« – die Pubertät beginnt

Vor Kurzem war alles noch vergleichsweise einfach. Doch jetzt, da Ihr Kind etwa zwölf Jahre alt ist, scheint sich sein Wesen schlagartig zu verändern, sein Verhalten von einem Extrem ins andere zu wechseln: Mal zieht es sich in die Abgeschiedenheit seines Zimmers zurück, hängt apathisch herum und langweilt sich tödlich, mal tritt es laut und provozierend auf, überschreitet Grenzen, widerspricht aus Prinzip und verbreitet Chaos und Missstimmung. Meist dient dieses Verhalten nur dazu, Gefühle der Unsicherheit und Verletzlichkeit, die zu dieser Phase der Selbstfindung gehören, durch ein betont herausforderndes Auftreten zu übertünchen.

Wie gut, wenn Sie sich in den vergangenen Jahren darin geübt haben, Konflikte mit Ihrem Kind fair und konstruktiv zu lösen. Denn Sie werden einen langen Atem brauchen und viel Verständnis aufbringen müssen, bis Ihr Nachwuchs die Turbulenzen der Pubertät überstanden hat und eine Haltung einnimmt, wie sie der amerikanische Schriftsteller Mark Twain so köstlich auf den Punkt gebracht hat: »Erwachsensein bedeutet, das Richtige auch dann zu tun, wenn es die Eltern empfohlen haben.«

»Mann, ihr seid echt peinlich!«

Beim Sommerfest in der Schule führen die Schüler der sechsten Klasse ein Theaterstück auf. Fabian spielt die Hauptrolle und erntet beim Publikum einen Riesenapplaus. Seine Eltern sind mächtig stolz auf ihn. Als das Stück zu Ende ist, beeilen sie sich, ihren Sohn in der Menge zu suchen, um ihn zu beglückwünschen. Da sehen sie den Jungen auch schon stehen, umringt von einem Grüppchen von Klassenkameraden. Als Fabian die Eltern auf sich zukommen sieht, dreht er sich abrupt um, streckt abwehrend die Hand in ihre Richtung aus und sucht mit seinen Kumpels das Weite. Die Mutter kann es nicht fassen. »Was war das jetzt?«, fragt sie ihren Mann bestürzt. »Er tut ja gerade so, als ob er uns nicht kennt!« Der

Vater schüttelt lächelnd den Kopf. »Ist schon gut«, meint er, »ich glaube, er will jetzt einfach nicht angesprochen werden.«

Der Nachwuchs grenzt sich ab

Wenn Kinder in die Pubertät kommen und ihre eigene Identität suchen, fangen sie an, sich von ihren Eltern abzugrenzen. Plötzlich können sie es nicht mehr ertragen, von Mama und Papa gehätschelt und liebevoll umsorgt zu werden. Ginge es nach dem Sprössling, sollten die Eltern in der Öffentlichkeit am besten unsichtbar sein – auf keinen Fall aber den Mund aufmachen.

Tritt dieses distanzierte Verhalten des Kindes zum ersten Mal auf, kann das auf Sie als Eltern wie ein kleiner Schock wirken. In einem solchen Moment hilft es Ihnen vielleicht, sich an Ihre eigene Jugendzeit zu erinnern: War es Ihnen damals nicht auch sehr wichtig, von Ihrer Clique akzeptiert zu werden? Und empfanden Sie den bis dahin vertrauten Umgang Ihrer Eltern mit Ihnen nicht auch plötzlich als störend, ja geradezu peinlich?

Sie werden die Bedürfnisse Ihres Kindes gelassener sehen, wenn Sie wissen, dass Ihr Sprössling Ihnen nicht aus Ablehnung aus dem Weg geht. Sehen Sie sich einmal um: Anderen Eltern von Jugendlichen ergeht es genauso wie Ihnen.

Respektvolle Zurückhaltung

Wenn Sie Ihrem Teenager Peinlichkeiten in der Öffentlichkeit ersparen wollen, sollten Sie vor allem auf Folgendes achten:

Vermeiden Sie es, Ihr Kind vor anderen Leuten zu kritisieren. Es ist schon für Kinder im »pflegeleichten« Alter (ebenso für Erwachsene) schwer zu ertragen, wenn sie vor anderen ihr Gesicht verlieren. Erst recht für einen Jugendlichen, der sich im Gefühlschaos befindet und sich nun auch noch vor Menschen bloßgestellt fühlt, die ihm vielleicht besonders wichtig sind.

Halten Sie sich andererseits auch mit übertriebenem Lob zurück. Stellen Sie sich einmal vor, Fabians Eltern würden ihn für seinen erfolgreichen Auftritt vor den Augen der Kumpels mit Komplimenten überschütten, ihn vielleicht auch noch umarmen und – nichts schlimmer als das – sogar küssen oder ihn mit einem Kosenamen anreden! Der Junge würde sich dafür bis ins Mark genieren.

Verzichten Sie in jedem Fall darauf, sich gegenüber den Freunden Ihres Kindes betont lässig und jugendlich zu geben. Dazu gehört, dass

Sie sich übertrieben jugendlich kleiden oder sich unter jungen Leuten so geben, als gehörten Sie dazu. Versuchen Sie auch nicht, die Sprache der Jugendlichen zu übernehmen, sofern Sie nicht wollen, dass Ihr Jugendlicher sich dafür in Grund und Boden schämt.

Wichtig: Respekt beruht auf Gegenseitigkeit
»Dieses Kind hat überhaupt keinen Respekt mehr vor uns«, hört man Eltern zu Beginn der Pubertät ihres Kindes oft seufzen. Eine verständliche Klage – die man dennoch gut überdenken sollte. Fragen Sie sich ehrlich: Habe ich selbst meinem Kind bisher genügend Respekt gezeigt? Dazu ein Beispiel: Sicher weiß Ihr Kind seit Langem, dass das Elternschlafzimmer Ihre Privatsphäre ist, wo es nicht nach Belieben ein und aus gehen kann. Doch wie sieht es umgekehrt aus? Respektieren Sie auch den Privatbereich Ihres Kindes – und zeigen das, indem Sie beispielsweise Besuche von Freunden nicht durch Ihre Anwesenheit stören? Achten Sie generell darauf, an seine Tür zu klopfen, bevor Sie in sein Zimmer eintreten? Es schadet gewiss nicht, diese Gewohnheit schon in der Grundschulzeit einzuführen. Allzu selbstverständlich betrachten viele Eltern das Zimmer ihres Kindes als einen Bereich, der ihrer Kontrolle unterliegt und in dem sie regelmäßig »nach dem Rechten« sehen müssen. Doch wenn Sie sich aus der Privatsphäre Ihres Kindes nicht beizeiten heraushalten, dürfen Sie sich nicht wundern, wenn Ihr Nachwuchs Ihnen umgekehrt den nötigen Respekt verweigert.

Badezimmerrituale

Jana, 12 Jahre, hat seit Kurzem eine Gewohnheit, die die Geduld ihrer Eltern gehörig strapaziert: Jeden Morgen verschanzt sie sich für eine kleine Ewigkeit im Badezimmer. Wenn die Eltern an die verschlossene Tür klopfen, weil sie pünktlich aus dem Haus gehen wollen, bekommen sie nur ein ärgerliches Fauchen zur Antwort: »Hört auf, mir Stress zu machen, ich bin ja gleich fertig!« Von wegen!

Verständnis für die kleine Diva

Wenn sich mit Beginn der Pubertät der Körper des Kindes verändert, kann dies für das Kind eine irritierende Erfahrung sein. Plötzlich verändert sich die Figur; beim Mädchen beginnen die Brüste zu wachsen. Doch die Veränderung kann weit von der Idealvorstellung entfernt sein, die das Kind durch den Einfluss von Werbung oder durch Shows wie »Germany's Next Topmodel« entwickelt haben mag. Noch erschrockener beobachtet das Mädchen wahrscheinlich die Veränderungen in seinem Gesicht, wo die Pickel zu sprießen beginnen.

Vor diesem Hintergrund werden die scheinbar endlosen Badezimmerzeiten der heranwachsenden Tochter verständlich: Der Körper muss einer kritischen Prüfung unterzogen, die Pickel im Gesicht müssen sorgfältig überdeckt werden. Dieses Bedürfnis sollten Sie respektieren. Keinesfalls sollten Sie Ihrer Tochter sagen, sie solle sich nicht so anstellen und Ihnen Zutritt zum Badezimmer gewähren.

Andererseits haben auch die Bedürfnisse der Eltern ihre Berechtigung. Damit die Badezimmernutzung nicht zum Dauerkonflikt wird, sollten Sie feste Regeln für die Badezeiten aufstellen, mit denen alle Familienmitglieder klarkommen. Es hilft außerdem sehr, wenn Sie für Ihre Tochter einen eigenen Spiegel anschaffen, damit sie sich in ihrem Zimmer ungestört begutachten kann.

Bieten Sie sich Ihrer Tochter als Gesprächspartner an. Erzählen Sie ihr, wie Sie sich selbst als Teenager gefühlt haben. Betrachten Sie gemeinsam andere Mädchen und Frauen und tauschen Sie sich über die Unterschiede in Stil und Geschmack aus. Geben Sie Ihrer Tochter auch Tipps für die Hautpflege, doch drängen Sie sie ihr nicht auf. Und tragen Sie es mit Fassung, wenn der Bedarf Ihres Teenagers an Kosmetika innerhalb kurzer Zeit ins Gigantische angewachsen ist. Es wird sich alles normalisieren, sobald Ihre Tochter ihren eigenen Stil gefunden und die Veränderungen ihres Körpers akzeptiert hat.

Das andere Extrem: mangelnde Körperpflege

Auch Jungen haben mit den Folgen der körperlichen Umstellung ihre Schwierigkeiten. Doch während es Mädchen mit der Körperpflege oft übertreiben, nehmen es Jungen damit häufig nicht so genau – zum Leidwesen ihrer Mitmenschen. Denn durch die zunehmende Hormonproduktion in der Pubertät kommen Jungen nicht nur schneller ins Schwitzen, ihr Schweiß riecht jetzt auch viel intensiver. Während Sie jedoch den Körpergeruch Ihres Sohnes als sehr unangenehm empfinden, nimmt er ihn vermutlich selbst kaum wahr. Umso wichtiger ist es, dass Sie ihn dezent darauf hinweisen, bevor es andere auf weniger freundliche Weise tun. Treffen Sie mit Ihrem Sohn eine klare Abmachung zur Körperpflege: zum Beispiel, dass er morgens und nach dem Sport immer duscht und täglich seine Unterwäsche wechselt.

Da Pickel ein Problem sind, von dem Jungen ebenso wenig verschont bleiben wie Mädchen, sollten Sie Ihrem Sohn auch in Sachen Hautpflege beratend zur Seite stehen. Unter Umständen kann ein Termin beim Hautarzt nötig werden. In der Pubertät leiden viele Jugendliche an Akne – und das ist keineswegs ein kosmetisches, sondern ein medizinisches Problem, ganz zu schweigen von der seelischen Belastung für den Teenager.

Wichtig: Familienrat gründen? Nicht unbedingt jetzt!
Falls Sie die Erfahrung machen, dass Ihr pubertierender Nachwuchs nach der Benutzung des Badezimmers jedes Mal ein Chaos hinterlässt, werden Sie sich wahrscheinlich veranlasst sehen, entsprechende Abmachungen zu treffen, etwa diese: Nach der Körperpflege wird die dreckige Wäsche in den Wäschekorb gelegt, Badewanne oder Dusche, Waschbecken und Spiegel werden von Seifen- und Zahnpastaresten befreit. Leere Shampoo- und Duschgelflaschen kommen in den Plastikcontainer.

Normalerweise lassen sich solche Punkte ebenso wie die Regelung der Badezimmerzeiten am besten in einer Sitzung des Familienrats besprechen. Sollte diese Einrichtung in Ihrer Familie bisher nicht existiert haben, ist die Pubertät allerdings nicht gerade der ideale Zeitpunkt, um damit zu beginnen. Ihr Nachwuchs könnte sich gegen diese Neuerung sperren, sofern er argwöhnt, dass Sie nur die Gelegenheit nutzen wollen, ihn regelmäßig zum Gespräch zu »zitieren« und ihm Vorhaltungen zu machen. Unter dieser Voraussetzung ist es schwierig, seine Kooperation zu gewinnen.

Problematische Kleiderwahl

Es ist Samstagnachmittag. Marcella, 13 Jahre alt, hat sich mit ihren Freundinnen zum Kino verabredet. Als sie die Tür zum Wohnzimmer öffnet, um sich zu verabschieden, stockt den Eltern der Atem: Das Mädchen trägt einen superkurzen Rock und ein hautenges T-Shirt, trippelt auf superhohen Absätzen und hat sich das Gesicht grell geschminkt. »Um Himmels willen, Marcella, in dem Aufzug kannst du doch nicht aus dem Haus gehen!«, protestiert der Vater. Marcella verdreht die Augen. »Und warum nicht?«, fragt sie provozierend. »Weil du aussiehst wie ein Straßenmädchen«, wirft die Mutter ein. »Zieh dir sofort was anderes an und wisch dir die Schminke vom Gesicht!« »Du willst wohl, dass ich so spießig aussehe wie du«, ätzt Marcella zurück. »Aber da kannst du lange warten!«

Wie gefalle ich euch?

Pubertät ist, wie schon erwähnt, die Zeit der Identitätssuche und Selbstfindung. Die Fragen »Wer bin ich? Was passt zu mir? Wie wirke ich auf andere?« beschäftigen Jugendliche unentwegt. Das betrifft besonders Mädchen, die sich nun bewusst ganz anders kleiden als bisher, sich auffällig schminken und ihre Haare stylen. Dabei orientieren sie sich meist an Vorbildern, die sie bewundern. Das kann zum Beispiel ein Popstar sein oder das hübsche Mädchen in der Klasse, das von allen umschwärmt wird.

Eltern argwöhnen oft, dass sich ihre Tochter betont sexy anzieht, weil sie es darauf anlegt, junge Männer anzumachen. Das bereitet ihnen Sorge, weil sie um die Sicherheit ihres Kindes fürchten. Meist geht es den jungen Mädchen jedoch vor allem darum, in der Klassengemeinschaft und in ihrer Clique anerkannt zu werden – also von Jungs und Mädchen gleichermaßen.

Über Geschmack lässt sich reden

Wenn Ihnen die Kleidung und Aufmachung Ihrer Tochter missfallen, haben Sie natürlich einen berechtigten Grund, das zu äußern. Doch tun Sie es mit Respekt und Feingefühl. Unterstellen Sie Ihrem Kind nicht die Absicht, nur Jungs anmachen zu wollen – damit hätten Sie das Gespräch schon im Ansatz gestoppt, denn kein Teenager wird so etwas einfach hinnehmen. Legen Sie stattdessen Ihre Gefühle und Ängste offen: »Du siehst sehr sexy aus, ich weiß nicht, ob dir das bewusst ist. Ich habe Angst, dass dich vielleicht ein Mann anquatscht oder gar zudringlich wird.«

Unter dieser Voraussetzung haben Sie wesentlich bessere Chancen, mit Ihrem Kind ins Gespräch zu kommen. Versuchen Sie herauszufinden, welcher Stil Ihrem Nachwuchs gefällt – sowohl bei sich selbst als auch bei anderen. So wird ihm vielleicht besser bewusst, wie weit er dazu eigene Vorstellungen entwickelt hat beziehungsweise sich nur dem Diktat der Clique beugt. Helfen Sie Ihrem Kind herauszufinden, was es selbst möchte, damit es sich in seiner Kleidung wohlfühlt.

Dennoch sollten Sie sich keine Illusionen machen: Sie werden um das Thema Kleidung kaum ohne Konflikte herumkommen. Denn letztlich geht es nicht allein um Stil und Geschmack, wenn Ihr Kind Sie mit seinem Outfit aus der Fassung bringt. Es braucht in der Pubertät einfach Themen, um sich an Ihnen zu reiben – und da kommt die Kleiderfrage gerade recht. Deshalb sollten Sie bei allem Respekt nicht davor zurückscheuen, Ihre eigenen Ansichten zu vertreten. Mag sein, dass Ihr Nachwuchs Sie als altmodisch und spießig bezeichnet. Nehmen Sie es gelassen. Sie geben Ihrem Teenager damit die Bestätigung, dass Sie zu Ihrer Überzeugung stehen.

Nie mehr ohne Handy

Seit geraumer Zeit liegt Tom seinen Eltern mit einem Wunsch in den Ohren: Er möchte zu seinem zwölften Geburtstag endlich ein eigenes Handy haben, am liebsten ein Smartphone. Die zugkräftigsten Argumente hat er schon vorgebracht: »Damit könnt ihr mich jederzeit erreichen und wisst immer, wo ich bin. Und wenn mir unterwegs mal was passiert, kann ich schnell Hilfe rufen.« Doch immer wieder äußern die Eltern Bedenken: »So ein teures Gerät, wer weiß, ob du damit richtig umgehen kannst. Wahrscheinlich wirst du sowieso nur pausenlos Spiele spielen.« Völlig frustriert zetert Tom: »Das war ja wohl klar, dass ihr so was nicht versteht! Alle meine Freunde haben ein Handy, nur ich nicht!«

Ein unersetzlicher Begleiter

Toms Behauptung war vermutlich nicht erfunden. Tatsächlich gilt ein eigenes Handy oder Smartphone für Kinder und Jugendliche inzwischen als Selbstverständlichkeit. Das bestätigt das Ergebnis einer Studie des Verbandes BITKOM (Bundesverband Informationswirtschaft, Telekommunikation und neue Medien) aus dem Jahr 2011.[20] Demnach besaßen schon zum damaligen Zeitpunkt 92 Prozent aller Teenager ein eigenes Handy; selbst die Zehn- bis Zwölfjährigen waren bereits zu 82 Prozent mit einem Mobiltelefon ausgestattet. Die Zahlen sind seither gewiss nicht rückläufig, eher das Gegenteil.

Dabei setzen Jugendliche das Handy laut Studie meist vielseitiger ein als Erwachsene. Zwar benutzen auch sie es vorwiegend zum Telefonieren (97 Prozent), aber auch zum SMS-Versenden (89 Prozent), zum Fotografieren oder Filmen (74 Prozent), zum Musikhören (68 Prozent) oder für Handyspiele (55 Prozent).

Sinnvolle Absprachen vor dem Kauf

Sie sollten sich angesichts dessen gut überlegen, ob Sie Ihrem Kind den Wunsch nach einem Handy oder Smartphone abschlagen wollen – mit der möglichen Folge, dass es in seinem Freundes- und Bekanntenkreis zum Außenseiter wird. Andererseits hegen Sie vermutlich gewisse Bedenken, die genauso ihre Berechtigung haben: etwa dass hohe Kosten auf Sie zukommen oder sich Ihr Kind bedenkliche Inhalte auf sein Handy oder Smartphone laden könnte.

Damit das Handy nicht zum Streitobjekt wird, sollten Sie vor einem Kauf vor allem folgende Dinge überlegen und mit Ihrem Kind besprechen:

Klären Sie, welches Modell für Ihren Nachwuchs am ehesten infrage kommt. Die meisten Kinder und Jugendlichen legen Wert auf ein schickes Design und Multimedia-Funktionen; damit können heute schon Einsteigermodelle punkten. Ein übertrieben teures Modell sollten Sie besser nicht in Betracht ziehen. Sonst müssen Sie Ihren Nachwuchs ständig ermahnen, gut auf sein Handy aufzupassen – für einen pubertierenden Teenager der reine Zündstoff!

Wichtig: Gesundheitsvorsorge

Handys strahlen elektromagnetische Wellen ab. Zwar sind die Auswirkungen der Strahlenbelastung auf die Gesundheit bisher noch nicht genau erforscht, doch sollten Sie vorsorglich folgende Punkte berücksichtigen:

Achten Sie bei der Anschaffung eines Handys darauf, dass es sich um ein strahlungsarmes Gerät handelt.

Machen Sie Ihr Kind darauf aufmerksam, dass es sein Handy möglichst nicht direkt am Körper tragen sollte und dass es bei einem Anruf das Gerät erst ans Ohr halten sollte, wenn die Verbindung steht.

Ihr Kind sollte nach Möglichkeit auch nicht in geschlossenen Räumen mit dem Handy telefonieren. Lassen Sie es deshalb zu

Hause bevorzugt das Festnetztelefon benutzen – selbst wenn Sie dafür in Kauf nehmen müssen, dass Ihr Festnetzanschluss häufig besetzt ist.

Treffen Sie eine klare Vereinbarung bezüglich der laufenden Kosten: Welches Budget stellen Sie Ihrem Nachwuchs monatlich zur Verfügung? Ein Prepaid-Tarif hilft Ihnen, die Kosten in einem festen Rahmen zu halten. Damit kann Ihr Kind immer nur so lange telefonieren, bis sein Guthaben verbraucht ist – was ihm nebenbei hilft, den Umgang mit Geld zu lernen. Bei der Wahl des Tarifs sollten Sie auch persönliche Vorlieben berücksichtigen: Möchte Ihr Kind das Handy eher zum SMS-Versenden, zum Telefonieren oder zur Nutzung von Internetdiensten verwenden?

Treffen Sie klare Regelungen in Bezug auf Handyspiele: Ihr Kind sollte sie nicht zusätzlich zu den vereinbarten TV- und Computerzeiten nutzen.

Sprechen Sie mit Ihrem Nachwuchs auch darüber, dass er keine problematischen Bilder, Videos oder Spiele auf sein Handy laden sollte. Doch hüten Sie sich davor, das Vertrauen Ihres Kindes zu missbrauchen und sein Handy heimlich auf unerwünschte Inhalte zu überprüfen.

Vereinbaren Sie handyfreie Zeiten: Das Gerät bleibt zu bestimmten Zeiten, etwa während der gemeinsamen Mahlzeiten, ausgeschaltet. Halten Sie sich auch selbst an diese Regelung.

Wenn das Taschengeld nicht reicht

Fynn hat zu seinem zwölften Geburtstag eine Taschengelderhöhung bekommen. Statt 4 Euro pro Woche wollen ihm die Eltern nun jeden Monat 20 Euro aushändigen. Doch mit der neuen Regelung scheint es nicht zu klappen. Als Fynn am Ersten des neuen Monats von einem Treffen mit seiner Clique nach Hause kommt, bittet er zum Erstaunen der Eltern um einen Taschengeldvorschuss. »Wieso das denn?«, wundert sich der Vater. »Du hast doch heute erst dein Taschengeld bekommen. Hast du es etwa verloren?« »Nö«, antwortet Fynn trotzig, »ich habe meine Kumpels zum Burger-Essen eingeladen – für mehr haben die paar Kröten nicht gereicht …«

Wie viel Taschengeld ist angemessen?
Fynn kann sich nicht darüber beklagen, dass ihn seine Eltern zu kurz halten. Ein monatliches Taschengeld von 20 Euro im Monat liegt für einen Zwölfjährigen sicher im angemessenen Rahmen. Gemäß den Empfehlungen der deutschen Jugendämter (Stand 2013) gilt für Zehn- bis Elfjährige ein Taschengeld von 13 bis 15 Euro im Monat, für Zwölf- bis Dreizehnjährige ein monatlicher Betrag von 18 bis 20 Euro als angemessen. Dabei wird für jüngere Kinder eine wöchentliche Auszahlung empfohlen, weil sie einen Monat im Voraus finanziell noch nicht planen können.

Einen rechtlichen Anspruch auf Taschengeld haben Kinder zwar nicht, doch sollten sie laut Empfehlung der Jugendämter einen regelmäßigen Betrag erhalten, damit sie einen verantwortungsbewussten Umgang mit Geld erlernen.

Wie Jugendliche mit Geld neu umgehen lernen
Umfragen zufolge kaufen sich jüngere Kinder von ihrem Taschengeld meist Süßigkeiten. Jugendliche, die ein größeres monatliches Budget zur Verfügung haben, verwenden es vor allem zum Ausgehen, aber auch für Zeitschriften, Kleidung und Computerspiele. Dabei machen viele Eltern von Jugendlichen eine ungewohnte Erfahrung: Ging ihr Nachwuchs mit seinem Taschengeld bisher sehr sorgsam um und überlegte sich jede Ausgabe genau, so wird das Geld mit Beginn der Pubertät plötzlich ganz unüberlegt, geradezu achtlos ausgegeben. Auch das hat etwas mit dem neuen Streben nach Abgrenzung von den Eltern zu tun.

Da Ihr Kind jedoch nicht darum herumkommen wird, den Umgang mit Geld quasi neu zu erlernen, sollten Sie ihm dabei so gut es geht behilflich sein. Wichtig ist, dass Sie Ihrem Kind das Taschengeld zur freien Verfügung stellen. Es soll selbst entscheiden dürfen, was es sich davon kaufen will. Solange es sich um keine verbotenen oder gefährlichen Dinge handelt (etwa Zigaretten, Alkohol oder Waffen), sollten Sie auf jeglichen Einfluss verzichten, und wenn Ihnen die Ausgaben Ihres Kindes noch so unsinnig erscheinen. Überlassen Sie die Entscheidung darüber Ihrem Nachwuchs. Er wird auf diese Weise schnell zu der Erkenntnis kommen, dass er sich sein Geld gut einteilen muss, damit es bis zur nächsten Auszahlung reicht. Gerade deshalb sollten Sie die Bitte Ihres Heranwachsenden um einen Vorschuss entschieden ablehnen – selbst wenn das, wie bei Fynn, bedeutet, dass er mehrere Wochen lang keinen Cent zur Verfügung hat.

Umgekehrt sollten Sie Ihren Jugendlichen auch nicht unnötig auf die nächste Auszahlung warten lassen. Händigen Sie ihm den festgelegten Betrag pünktlich zum vereinbarten Termin aus. Besser noch, Sie richten für Ihren Nachwuchs ein eigenes Taschengeldkonto ein und überweisen ihm das Geld per Dauerauftrag zum fixen Termin. In einigen Jahren können Sie Ihrem Heranwachsenden dann ein größeres Budget zur Verfügung stellen, mit dem er den Kauf von Kleidung, Kosmetikartikeln, Computerspielen etc. selbst finanziert.

Tipp: Kleine Nebenverdienste

Sollte Ihr Jugendlicher mit seinem Taschengeld partout nicht auskommen und deshalb einen Nebenverdienst anpeilen, beachten Sie bitte: Jobben ist laut Jugendarbeitsschutzgesetz erst für Jugendliche ab 13 Jahren erlaubt und auch dann nur maximal zwei Stunden am Tag. Sie können Ihrem Nachwuchs jedoch helfen, seine Kasse aufzubessern, indem Sie ihn für kleine Jobs bezahlen, die über die reguläre Mithilfe im Haushalt hinausgehen: etwa die Hecke schneiden oder den Rasen mähen.

Auch wenn Ihr Teenager über 13 Jahre alt ist, sollten Sie darauf achten, dass er sich nicht mehrere Jobs auf einmal zumutet. Schule, Freizeit und soziale Kontakte sollten auf keinen Fall zu kurz kommen. Ein Minijob – etwa die Wochenzeitung austragen – genügt.

»Wo warst du so lange?«

Die zwölfjährige Laura hat von den Eltern die Erlaubnis bekommen, zu einer Party im nahe gelegenen Jugendtreff des Sportvereins zu gehen. Um halb zehn soll sie in Begleitung ihrer Teamkameradinnen zu Fuß nach Hause gehen. Doch zum vereinbarten Zeitpunkt ist von der Tochter nichts zu sehen. Besorgt versucht die Mutter, sie auf dem Handy zu erreichen, erhält aber nur die Ansage: »Der gewünschte Gesprächspartner ist nicht erreichbar.« Im Fünf-Minuten-Takt versucht sie es erneut, vergebens. Als sie sich auf den Weg zum Jugendtreff macht, kommt ihr auf der Straße die Tochter entgegen, nur in Begleitung ihrer besten Freundin Anna. »Wo warst du, Laura?«, fährt die Mutter sie an. »Wir haben halb zehn vereinbart und du kommst eine halbe Stunde zu spät! Außerdem seid ihr nur zu zweit! Damit das klar ist, wenn ich mich nicht auf dich verlassen kann, bleibst du das nächste Mal zu Hause!«

Erlaubte Ausgehzeiten

Lauras Eltern haben sich zweifellos gut überlegt, welche Ausgehzeit für ihre Tochter angemessen ist. Laut Jugendschutzgesetz dürfen Kinder und Jugendliche unter 14 Jahren ohne Begleitung eines Erziehungsberechtigten bis 22 Uhr an einer Veranstaltung eines »anerkannten Trägers der Jugendhilfe«, beispielsweise einem Jugendtreff, teilnehmen. In eine Disco dürfen unter 16-Jährige nur, wenn ein Erziehungs- oder Sorgeberechtigter dabei ist. Auch für Kinozeiten gibt es eine eindeutige Regelung: Jugendliche unter 14 dürfen ohne Begleitung nur Filmvorführungen besuchen, die um 20 Uhr zu Ende sind. Der Aufenthalt in Gaststätten ist ebenfalls nur in Begleitung eines Erziehungs- oder Sorgeberechtigten zwischen 5 Uhr und 23 Uhr erlaubt.

Nun kann man allerdings davon ausgehen, dass sich Lauras Mutter bei ihrer Suche nach der Tochter weniger um die gesetzlichen Vorschriften Gedanken machte. Viel eher war es wohl die Angst, dem Mädchen könnte etwas passiert sein, die sie umtrieb.

Leider hat sie es mit dem wütenden Tonfall und der Wortwahl nicht besonders gut getroffen: »Wenn ich mich nicht auf dich verlassen kann, bleibst du das nächste Mal zu Hause!« Das war eine Strafandrohung – für das Mädchen eine klare Aufforderung zum Machtkampf. Obendrein hat sich die Auseinandersetzung vor den Augen der besten Freundin abgespielt – für Laura eine unsägliche Demütigung. Damit steht zu befürchten, dass das Mädchen bei nächster Gelegenheit erst recht über die Stränge schlagen wird, um es der Mutter heimzuzahlen.

Fairness statt Machtkampf

Wie hätten Sie anstelle von Lauras Mutter reagiert? Hätten Sie einen Machtkampf mit der Tochter Ihrer Ansicht nach verhindern können?

Gewiss ist das in einer solchen Situation nicht einfach: Nach großer Angst und Anspannung hat wohl jeder das Bedürfnis, seinen angestauten Gefühlen Luft zu machen. Doch um zu verhindern, dass Sie in einem solchen Moment in respektloses Schimpfen abgleiten, sollten Sie umso mehr auf Ihren Ton und Ihre Wortwahl achten.

Ich-Botschaften sind dabei besonders hilfreich. Lauras Mutter hat zwar eine Ich-Formulierung gewählt, diese kann jedoch nicht als Ich-Botschaft gelten, da die Mutter nichts von ihren eigenen Gefühlen offenbart, sondern die Tochter mit einem Vorwurf und einer Drohung überfallen hat. »Ich habe mir große Sorgen gemacht, weil ich dich nicht erreichen konnte …« – das wäre in Gegenwart von Lauras Freundin sicher eine bessere Äußerung gewesen, und hätte fürs Erste auch genügt. Denn in einem Moment wie diesem ist es ratsam zu warten, bis sich die größte Aufregung gelegt hat. Dann erst sollten Sie das Gespräch mit Ihrem Nachwuchs wieder aufnehmen und ihm Ihre Erwartungen und Beweggründe näher erläutern. Am besten geht das mit einer dreiteiligen Ich-Botschaft, die Sie bereits im Abschnitt »Die alltäglichen Rangeleien« in Teil 2, Kapitel 4 kennengelernt haben: »Wenn du nicht pünktlich nach Hause kommst und ich dich auf dem Handy nicht erreichen kann, mache ich mir schreckliche Sorgen, weil ich Angst habe, dass dir etwas passiert ist.« Damit haben Sie nicht nur Ihre Gefühle offengelegt, sondern auch den Grund dafür erläutert.

Tipp: Wünsche äußern statt lamentieren

Keine Frage, die Pubertät ist eine anstrengende Zeit, die Eltern immer wieder an die Grenzen ihrer Belastbarkeit bringt. Da kann schon mal das Bedürfnis aufkommen, sich durch Jammern und Klagen abzureagieren. Tun Sie das ruhig – bei Ihrem Partner, Ihrer Partnerin, bei Freunden oder Verwandten, aber nicht bei Ihrem Nachwuchs! Denn Sie stoßen damit nur auf verstärkten Widerstand. Sofern Sie bei Ihrem Teenager etwas erreichen wollen – und das gelingt in dieser schwierigen Zeit sicher nicht immer –, äußern Sie klare Wünsche in ruhigem, sachlichem Ton und in Form einer Ich-Botschaft.

Jugendliche finden das Lamento ihrer Eltern einfach unerträglich – wobei sie umgekehrt im Jammern und Lamentieren höchst ausdauernd sein können: »Nichts erlaubt ihr mir!« – »Ihr versteht mich überhaupt nicht!« Lassen Sie sich durch dieses Jammern nicht aus der Fassung bringen, sondern überraschen Sie Ihren Nachwuchs mit der Frage nach seinen Wünschen: »Was möchtest du denn, dass ich verstehe?« Sie dürfen gespannt sein, ob Ihrem Teenager eine Antwort dazu einfällt. Sein Lamento dürfte damit jedenfalls ein Ende haben.

Vernebelte Sinne

Zu seinem zwölften Geburtstag lässt Mike seine erste Party steigen. Er hat Tage damit verbracht, alles vorzubereiten. Seine Eltern haben ihm dazu den Partyraum im Keller zur Verfügung gestellt und ihm auf seine ausdrückliche Bitte hin versprochen, die Fete nicht durch Kontrollbesuche zu stören. Doch als die Party in vollem Gang ist, bemerken sie plötzlich den Geruch von Zigarettenrauch im Haus. Der Vater geht nachsehen. Als er die Tür zum Partyraum öffnet, kommt ihm eine dicke Wolke von Zigarettenqualm entgegen. Zu seiner Bestürzung sieht er auch etliche Partyteilnehmer mit Bierflaschen in der Hand herumstehen. Offenbar haben sich die jungen Gäste mithilfe älterer Jugendlicher Zigaretten und Alkohol beschafft und in die Feier eingeschmuggelt. Oder war Mike etwa selbst an dem heimlichen Einkauf beteiligt?

Rauschende Partys und die Verantwortung der Eltern

Natürlich hat Mikes Vater seinen Sohn rechtzeitig darauf hingewiesen, dass Alkohol und Nikotin bei der Party nicht erlaubt sind. Nun sieht er sein Vertrauen vorsätzlich missbraucht – was nicht unbedingt stimmen muss. Viele Jugendliche, auch ältere als Mike, fühlen sich als Verantwortliche einer Party schnell überfordert, wenn ihre Fete auszuarten droht. Sie trauen sich dann nicht, ihre Gäste in die Schranken zu weisen, weil sie nicht als schlechte Gastgeber dastehen wollen.

Mikes Eltern hätten sich daher besser nicht auf die Bitte eingelassen, sich von der Party unter allen Umständen fernzuhalten. So verständlich der Wunsch des Sohnes war, er hat seine Fähigkeiten, die Partygesellschaft unter Kontrolle zu halten, offenbar überschätzt.

Als Eltern haben Sie nicht nur die Aufgabe, Ihr eigenes Kind vor Alkohol, Nikotin und anderen Drogen zu schützen, Sie sind bei einer Party Ihres Kindes auch den Eltern der Gäste gegenüber verantwortlich. Das sollten Sie Ihrem Nachwuchs unmissverständlich klarmachen und sich in diesem Punkt auf keine Diskussion einlassen. Bestehen Sie darauf, dass Sie bei einer Party im eigenen Haus die Aufsicht führen. Und vereinbaren Sie mit anderen (Gastgeber-)Eltern, Jugendlichen unter 16 Jahren grundsätzlich keinen Zugang zu Zigaretten und Alkohol zu gewähren.

Wenn Kinder rauchen

Mit dem Thema Rauchen kommen Kinder gewöhnlich nach dem Übertritt in eine weiterführende Schule verstärkt in Berührung. Sie lernen dort nicht nur neue Klassenkameraden kennen, sondern auch ältere Schüler, von denen manche bereits gewohnheitsmäßig rauchen. Und auch wenn sie selbst das Rauchen bisher kategorisch abgelehnt haben, wird die Versuchung zu rauchen nun deutlich größer, sofern das im Freundeskreis als angesagt gilt. Freunde sind für vorpubertierende und pubertierende Kinder überaus wichtig, deshalb handeln sie manchmal gegen ihre eigene Überzeugung, nur um mit anderen mithalten zu können und dazuzugehören.

Was können Sie nun tun, wenn Sie befürchten, dass Ihr Kind zu rauchen anfängt oder vielleicht schon regelmäßig Zigaretten konsumiert? Sie werden vermutlich nicht verhindern können, dass Ihr Nachwuchs zumindest einmal ausprobiert, wie eine Zigarette schmeckt. Sie können aber etwas tun, damit daraus keine Gewohnheit wird, die womöglich in die Abhängigkeit führt. Sprechen Sie mit Ihrem Teenager über die Folgen des Rauchens. Machen Sie ihm klar, dass Zigaretten der Gesundheit schaden, dass sie auf Dauer süchtig machen und dass es dann sehr schwer ist, davon wieder loszukommen. Falls Sie selbst rauchen, nimmt das Ihren Argumenten natürlich viel Überzeugungskraft. Vielleicht nehmen

Sie das zum Anlass, um selbst mit dem Rauchen aufzuhören. Sofern Sie dazu nicht bereit oder in der Lage sind, sollten Sie aus Rücksicht auf Ihre Familie zumindest darauf verzichten, im Haus zu rauchen.

Versuchen Sie auf keinen Fall, Ihre Sucht gegenüber Ihrem Nachwuchs herunterzuspielen, und beantworten Sie seine Fragen immer ehrlich. Das kann unter Umständen mehr Einsicht bewirken als jede noch so eindringliche Warnung. So war es jedenfalls bei Henny und ihrem inzwischen erwachsenen Sohn:

»Als Linus 13 war, fiel mir auf, dass seine Kleidungsstücke plötzlich alle nach Rauch rochen. Als ich in Linus' Hosentasche dann ein Feuerzeug fand, war mir klar, dass er rauchte. Das machte mir Sorgen, aber ich wusste nicht, wie ich Linus darauf ansprechen sollte. Ich habe ja mit 13 selber angefangen zu rauchen und weiß aus Erfahrung, dass man mit Vorhaltungen und Verboten nichts erreichen kann. Da fragte mich Linus plötzlich von sich aus: ›Mama, hast du eigentlich früher geraucht?‹ – ›Ja‹, sagte ich wahrheitsgemäß. ›Viele Jahre sogar. Dann hab ich versucht aufzuhören, aber nicht lange durchgehalten. Ein paar Monate später habe ich wieder angefangen. Erst beim zweiten Versuch habe ich es endlich geschafft. Es war furchtbar schwer.‹ Linus hörte aufmerksam zu, sagte aber nichts. Einige Wochen später meinte er beiläufig: ›Übrigens, Mama, ich hab das Rauchen sein lassen. Ich möchte nicht, dass es mir einmal so geht wie dir …‹ Ein paar Jahre später fing er dann nochmals an zu rauchen, aber inzwischen war er ein ehrgeiziger Sportler und merkte schnell, dass Rauchen für seine Kondition nicht gut war. Also ließ er es endgültig bleiben.«

Wenn Kinder sich betrinken

Der Grund, warum Kinder und Jugendliche Alkohol konsumieren, ist im Prinzip derselbe wie beim Thema Rauchen: Sie probieren es aus Neugier, wollen sich erwachsen fühlen und zu ihrer Clique dazugehören. Problematisch wird die Sache bei Jugendlichen, denen es an Selbstwert- und Zugehörigkeitsgefühl fehlt, die sich von ihren Eltern und Freunden also nicht so akzeptiert fühlen, wie sie sind. Dann greifen viele verstärkt zur Flasche, um unter den Gleichaltrigen nicht als Außenseiter dazustehen.

Hier zeigt sich erneut, wie wertvoll es ist, wenn Eltern ihrem Kind von klein auf die Bestätigung gegeben haben, dass sie es lieben und annehmen, wie es ist. Dazu gehört auch, dass ihm zugestanden wird, Nein zu sagen: Wenn Eltern ihrem Kind dieses Recht einräumen, wird ihm das Neinsagen auch gegenüber der Clique leichter fallen.

Trotzdem kann es selbst unter idealen Voraussetzungen passieren, dass Ihr Kind von einer Party oder einem Treffen mit Freunden betrunken nach Hause kommt. Wenn Sie das bemerken, werden Sie wahrscheinlich im ersten Moment schockiert und enttäuscht reagieren. Überfallen Sie Ihr Kind dennoch nicht mit Ihren Gefühlen. Mit Vorwürfen können Sie keine Einsicht bewirken. Es ist besser, mindestens bis zum nächsten Tag zu warten. Dann ist der Rausch überstanden und Ihre aufgewühlten Gefühle haben sich gesetzt. Jetzt können Sie mit Ihrem Nachwuchs vernünftig reden.

Erklären Sie Ihrem Kind, dass es Ihnen nicht darum geht, es zu kontrollieren, sondern dass Sie sich Sorgen machen. Weisen Sie es darauf hin, dass es für seine eigene Gesundheit verantwortlich ist. Versuchen Sie herauszufinden, warum Ihr Nachwuchs nicht Nein sagen konnte. Ihre Frage: »Hast du getrunken, weil alle trinken?«, macht ihm vielleicht die Tatsache erst bewusst, dass er das gar nicht selber wollte. Damit verhelfen Sie ihm zu einer wichtigen Einsicht.

Holen Sie auch die Meinung Ihres Teenagers zum Thema Alkohol und Drogen ein. Fragen Sie Ihr Kind, wie es grundsätzlich darüber denkt. Umfragen zufolge nehmen die wenigsten Jugendlichen dieses Thema auf die leichte Schulter. Wenn Sie sich die Befürchtungen Ihres Kindes anhören und sie respektieren, erreichen Sie damit möglicherweise genauso viel, als wenn Sie Ihre eigenen Bedenken ins Feld führen.

Ihrem Kind Respekt und Verständnis entgegenzubringen bedeutet noch lange nicht, dass Sie sein Fehlverhalten akzeptieren. Sie haben das Recht, Kritik zu üben – jedoch nur an der Sache, nicht an der Person. Machen Sie das durch eine Äußerung wie diese deutlich: »Ich habe dich lieb, aber was du gemacht hast, war nicht okay.« Diese Bestätigung braucht Ihr Kind auch noch und gerade im Pubertätsalter; sie gibt ihm Sicherheit und Halt. Und die Gewissheit, dass Sie zu ihm stehen, bestärkt es in seinem Bemühen, aus seinen Fehlern zu lernen und es beim nächsten Mal besser zu machen.

Falls Sie dennoch Grund zur Befürchtung haben, dass Ihr Kind es nicht von sich aus schafft, dem Alkohol zu widerstehen, sollten Sie sich an eine Drogenberatungsstelle wenden. Dort erfahren Sie von kompetenter Seite, wie Sie Ihrem Kind helfen können.

Expertentipp: Eine Botschaft an den leeren Stuhl

Hat Ihr pubertierender Nachwuchs Ihre Nerven wieder einmal überstrapaziert und Sie an den Rand der Verzweiflung gebracht? Für solche Situationen empfiehlt Christine Wermter[21], Individualpsychologische Trainerin und Mutter von drei Kindern, die »Übung mit dem leeren Stuhl«:

Ziehen Sie sich in einen Raum zurück, in dem Sie ungestört sind, und stellen Sie zwei Stühle einander gegenüber. Auf dem einen Stuhl nehmen Sie selbst Platz, auf dem anderen sehen Sie im Geist Ihr Kind vor sich sitzen. Sprechen Sie zu ihm in Sätzen, die folgendermaßen beginnen können: »Ich schätze an dir, dass ...« – »Ich liebe dich, weil ...« – »Du bist für mich einzigartig wegen ...« – »Ich bin froh, dass es dich gibt, weil ...« Diese Übung hilft Ihnen, Ihr Kind wieder positiv wahrzunehmen. Das Störende und Belastende rückt in den Hintergrund und Sie erkennen den Menschen wieder, den Sie lieben und der Sie glücklich macht.

Anmerkungen

1 Dinkmeyer sr., Don / McKay, Gary D. / Dinkmeyer jr., Don (2004): STEP – Das Elternbuch. Kinder ab 6 Jahre. Beltz, Weinheim; dies. (2008): STEP – Das Elternbuch. Leben mit Teenagern. 3. Aufl. Beltz, Weinheim.
2 Schoenaker, Theo / Schoenaker, Julitta / Platt, John M. (2000): Die Kunst, als Familie zu leben. Ein Erziehungsratgeber nach Rudolf Dreikurs. Herder, Freiburg im Breisgau.
3 www.mediation-berlin-blog.de.
4 Schulz von Thun, Friedemann (2011): Miteinander reden. Teil 1: Störungen und Klärungen. Allgemeine Psychologie der Kommunikation. 49. Aufl. Rowohlt, Reinbek bei Hamburg.
5 Dreikurs, Rudolf (2011): Kinder fordern uns heraus. Wie erziehen wir sie zeitgemäß? 18. Aufl. Klett-Cotta, Stuttgart.
6 Goleman, Daniel (2007): Emotionale Intelligenz. 19. Aufl. Deutscher Taschenbuch Verlag, München.
7 Phelan, Thomas W. (2005): Die 1-2-3-Methode für Eltern. Konsequent fördern und zum Lernen motivieren. Verlag an der Ruhr, Mülheim an der Ruhr.
8 Hösl, Gerhard G. (2002): Mediation – die erfolgreiche Konfliktlösung. Kösel Verlag, München.
9 Rosenberg, Marshall B. (2012): Gewaltfreie Kommunikation: Eine Sprache des Lebens. Junfermann, Paderborn.
10 Dreikurs, Rudolf / Gould, Shirley / Corsini, Raymond J. (2003): Familienrat. Der Weg zu einem glücklicheren Zusammenleben von Eltern und Kindern. 1. Aufl. in der Reihe »Kinder fordern uns heraus«, Klett-Cotta, Stuttgart.
11 www.meinefamilie-muenchen.de.
12 www.meinefamilie-muenchen.de.
13 www.renatefreund.de.
14 www.mediation-henry.de.
15 www.meinefamilie-muenchen.de.
16 Cierpka, Manfred (2008): Faustlos – wie Kinder Konflikte gewaltfrei lösen lernen. 5. Aufl. Herder, Freiburg im Breisgau.
17 Pieschl, Stephanie / Porsch, Torsten (2012): Schluss mit Cybermobbing! Das Trainings- und Präventionsprogramm »Surf-Fair«. Mit Film und Materialien auf DVD. Beltz, Weinheim.
18 www.mpfs.de.
19 http://www.netzwelt.de/news/88907-studie-brutale-computerspiele-ziehen-gewaltbereite-kinder.html.
20 http://www.bitkom.org/de/presse/70851_67174.aspx.
21 Wermter, Christine (2011): Die 1-2-3-Formel. Erziehen mit Disziplin und Liebe. Gräfe und Unzer, München.

Literatur

Albers-Heinemann, Tobias / Friedrich, Björn (2012): Das Facebook-Buch für Eltern. O'Reilly, Köln.

Armbrust, Joachim (2012): Geschwisterstreit. Konfliktstrategien für Eltern. Neuausgabe. Urania, Freiburg im Breisgau.

Behnke, Andreas (2012): Die 50 besten Spiele zum Umgang mit Konflikten. Don Bosco, München.

Bergmann, Wolfgang (2012): Disziplin ohne Angst. Wie wir den Respekt unserer Kinder gewinnen und ihr Vertrauen nicht verlieren. Beltz TB, Weinheim.

Dinkmeyer sr., Don / McKay, Gary D. / Dinkmeyer jr., Don (2004): STEP – Das Elternbuch. Kinder ab 6 Jahre. Beltz, Weinheim.

Dinkmeyer sr., Don / McKay, Gary D. / Dinkmeyer jr., Don (2008): STEP – Das Elternbuch. Leben mit Teenagern. 3. Aufl. Beltz, Weinheim.

Dreikurs, Rudolf (2011): Kinder fordern uns heraus. Wie erziehen wir sie zeitgemäß? 18. Aufl. Klett-Cotta, Stuttgart.

Dreikurs, Rudolf (2011): Kinder lernen aus den Folgen. Wie man sich Schimpfen und Strafen sparen kann. 6. Aufl. der Jubiläumsausgabe. Herder, Freiburg im Breisgau.

Dreikurs, Rudolf / Gould, Shirley / Corsini, Raymond J. (2003): Familienrat. Der Weg zu einem glücklicheren Zusammenleben von Eltern und Kindern. 1. Aufl. in der Reihe »Kinder fordern uns heraus«. Klett-Cotta, Stuttgart.

Cierpka, Manfred (2008): Faustlos – Wie Kinder Konflikte gewaltfrei lösen lernen. 5. Aufl. Herder, Freiburg im Breisgau.

Endres, Wolfgang (2005): Geschwister ... haben sich zum Streiten gern. 3. Aufl. Beltz TB, Weinheim.

Frölich, Jan / Lehmkuhl, Gerd (2011): Computer und Internet erobern die Kindheit. Vom normalen Spielverhalten bis zur Sucht und deren Behandlung. Schattauer, Stuttgart.

Gaschler, Gundi / Gaschler, Frank (2007): Ich will verstehen, was du wirklich brauchst. Gewaltfreie Kommunikation mit Kindern – Das Projekt Giraffentraum. Kösel, München.

Goleman, Daniel (2007): Emotionale Intelligenz. 19. Aufl. dtv, München.

Gordon, Thomas (2012): Familienkonferenz. Die Lösung von Konflikten zwischen Eltern und Kindern. Aktualisierte TB-Ausgabe. Heyne, München.

Graf, Johanna (2013): Familienteam – das Miteinander stärken. Neuausgabe. Kreuz, Freiburg im Breisgau.

Hennings, Barbara / Niemöller, Gisela (2007): Ermutigen statt kritisieren. Ein Erziehungsratgeber nach Rudolf Dreikurs. 5. Aufl. Herder, Freiburg im Breisgau.

Hösl, Gerhard G. (2002), Mediation – die erfolgreiche Konfliktlösung. Kösel, München.

Juul, Jesper (2008): Nein aus Liebe. Klare Eltern – starke Kinder. 12. Aufl. Kösel, München.

Juul, Jesper (2010): Pubertät – Wenn Erziehen nicht mehr geht. 8. Aufl. Kösel, München.

Kaniak-Urban, Christine / Lex-Kachel, Andrea (2005): Wenn Geschwister streiten. Lösungswege, die funktionieren. Kösel, München.

Kasthan, Inbal (2005): Von Herzen Eltern sein. Gewaltfreie Kommunikation: Die Ideen und ihre Anwendung. Junfermann, Paderborn.

Kettl-Römer, Barbara (2012): Was macht mein Kind im Netz? Der Social-Media-Ratgeber für Eltern. Linde, Wien.

Krowatschek, Dieter (2012): Wut. Wie Sie mit Aggressionen Ihres Kindes umgehen. 3. Aufl. Patmos, Ostfildern.

Martens, Gabriela (2005): Streit gehört dazu. Kösel, München.

Phelau, Thomas W. (2005): Die 1-2-3-Methode für Eltern. Konsequent fördern und zum Lernen motivieren. Verlag an der Ruhr, Mülheim an der Ruhr.

Pieschl, Stephanie / Porsch, Torsten (2012): Schluss mit Cybermobbing! Das Trainings- und Präventionsprogramm »Surf-Fair«. Mit Film und Materialien auf DVD. Beltz, Weinheim.

Rogge, Jan-Uwe (2008): Das neue Kinder brauchen Grenzen. Rowohlt TB, Reinbek bei Hamburg.

Römer, Felicitas (2012): Meine liebe Nervensäge. Warum störende Kinder nicht gestört sind und wie wir ihnen helfen können. Beltz, Weinheim.

Römer, Felicitas (2010): Typisch Eltern. 7 Arten, Kinder zu (v)erziehen. Walter, Mannheim.

Rosenberg, Marshall B. (2005): Kinder einfühlend ins Leben begleiten. Elternschaft im Licht der gewaltfreien Kommunikation. Junfermann, Paderborn.

Rosenberg, Marshall B. (2012): Gewaltfreie Kommunikation: Eine Sprache des Lebens. Junfermann, Paderborn.

Satir, Virginia (2013): Selbstwert und Kommunikation. 21. Aufl. Klett-Cotta, Stuttgart.

Schäfer, Christa D. (Hg.) (2007): Kommunikations- und Konfliktmanagement für Eltern. Tipps und praktische Übungen für den Alltag. Schneider Verlag Hohengehren, Baltmannsweiler.

Schäfer, Christa D. (2009): Vom Schimpfen und Schreien zum Runden Tisch. Schneider Verl. Hohengehren, Baltmannsweiler.

Schoenaker, Theo / Schoenaker, Julitta / Platt, John M. (2000): Die Kunst, als Familie zu leben. Ein Erziehungsratgeber nach Rudolf Dreikurs. Herder, Freiburg im Breisgau.

Schulz von Thun, Friedemann (2011): Miteinander reden. Teil 1: Störungen und Klärungen. Allgemeine Psychologie der Kommunikation. 49. Aufl. Rowohlt TB, Reinbek bei Hamburg.

Spitzer, Gerhard (2007): Entspannt erziehen. Mit den Augen Ihres Kindes sehen. Stressfrei reagieren. Ueberreuter, Wien.

Steininger, Rita (2006): Eltern lösen Konflikte. So gelingt Kommunikation in und außerhalb der Familie. Klett-Cotta, Stuttgart.

Steininger, Rita (2011): Ihr seid alle so gemein! Eltern lösen Konflikte mit Kindern. Herder, Freiburg im Breisgau.

Träbert, Detlef (2012): Disziplin, Respekt und gute Noten. Erfolgreiche Schüler brauchen klare Erwachsene. Beltz, Weinheim.

Träbert, Detlef (2010): Null Bock auf Lernen? So fördern Eltern die schulische Leistung ihrer Kinder. Beltz, Weinheim.

Tschöpe-Scheffler, Sigrid (2011): Fünf Säulen der Erziehung. Wege zu einem entwicklungsfördernden Miteinander von Erwachsenen und Kindern. 6. überarbeitete Aufl. Patmos, Ostfildern.

Wermter, Christine (2011): Die 1-2-3-Formel. Erziehen mit Disziplin und Liebe. Gräfe und Unzer, München.

Adressen

Adressen von Institutionen

Deutschland
Arbeitskreis Neue Erziehung e.V.
Hasenheide 54
10967 Berlin
www.ane.de

Bundes-Arbeitsgemeinschaft für
Familien-Mediation e.V.
BAFM
Spichernstr. 11
10777 Berlin
www.bafm-mediation.de

Bundeskonferenz für
Erziehungsberatung e.V.
Herrnstraße 53
90763 Fürth
www.bke.de

Die Deutsche Liga für das Kind
Charlottenstr. 65
10117 Berlin
www.liga-kind.de

Deutscher Kinderschutzbund
Bundesverband e.V.
Schöneberger Str. 15
10963 Berlin
www.dksb.de

Gudrun Halbrock Stiftung zum
Wohle der Kinder
Gustav-Leo-Str. 14
20249 Hamburg
www.kinder-respektvoll-erziehen.
de

Nummer gegen Kummer e.V.
Hofkamp 108
42103 Wuppertal
Elterntelefon: 0800-111 0 550
Kinder- und Jugendtelefon:
0800-111 0 333
www.nummergegenkummer.de

Verband alleinerziehender Mütter
und Väter
Bundesverband e.V. (VAMV)
Hasenheide 70
10967 Berlin
www.vamv.de

Österreich	Schweiz
Elternwerkstatt	Elternnotruf Zürich
Verein im Dienst von Kindern,	Weinbergstr. 135
Eltern und PädagogInnen	8006 Zürich
Altmannsdorfer Str. 172/31/2	www.elternnotruf.ch
1230 Wien	
www.elternwerkstatt.at	

Links

www.adhs.de
Auf dieser Internetseite finden Eltern Informationen über ADS/ADHS, die auf dem neuesten Stand sind.

www.familienhandbuch.de
Das Staatsinstitut für Frühpädagogik (IFP) beantwortet Elternfragen u. a. zu Entwicklung und Erziehung.

www.familienrat.eu
Der Verein für praktizierte Individualpsychologie e.V. (VpIP e.V.) informiert Eltern und Erzieher ausführlich über den Familienrat nach Rudolf Dreikurs.

www.faustlos.de
Diese Internetseite des Heidelberger PräventionsZentrums (HPZ) informiert über das Gewaltpräventionsprogramm »Faustlos«, das für Schulen und Kindergärten entwickelt wurde.

www.internet-abc.de/eltern
Hier finden Eltern Empfehlungen und Anregungen rund ums Thema Computerspiele und Internet.

www.mobbingberatung.info
Diese Internetseite wendet sich an Schulen, Lehrerinnen und Lehrer, Eltern, Schülerinnen und Schüler und bietet umfangreiches Material zum Thema Mobbing und Gewalt an Schulen.

www.rudolf-dreikurs-institut.at
Das österreichische Partnerinstitut des Adler-Dreikurs-Instituts bietet Vorträge und Kurse für Eltern und Schulen an.

www.sin-net.de
»SIN – Studio im Netz e.V.« ist eine bundesweit agierende medienpädagogische Facheinrichtung mit dem Arbeitsschwerpunkt Kinder, Jugendliche und Multimedia.

Dank

Zum Thema Eltern-Kind-Konflikte und Kommunikation in der Familie habe ich schon mehrere Bücher und Artikel geschrieben. Doch ich fand es spannend, mich noch einmal eingehend mit dieser Thematik auseinanderzusetzen.

Allen, die zur Entstehung dieses Buchs beigetragen haben – und mir dabei zu einigen neuen Erkenntnissen verhalfen –, sage ich an dieser Stelle herzlichen Dank: Sylvia Englert, die mir nicht nur als Testleserin, sondern auch als Mutter und erfahrene Autorin wertvolles Feedback geliefert hat; den Mediatorinnen Dr. Christa D. Schäfer und Kristina Henry, den Sozialpädagoginnen und systemischen Familienberaterinnen Leonie Farnbacher und Sophie Krigkos sowie den Individualpsychologischen Beraterinnen Renate Freund und Christine Wermter, die dieses Buch mit ihren Expertentipps bereichert haben; allen Eltern, die mir von ihren Erfahrungen bei der Lösung von Konflikten mit ihren Kindern berichtet haben; meinem Mann und meinen Söhnen, die mir zu einzelnen Kapiteln hilfreiche Hinweise geliefert haben. Ein großes Dankeschön geht nicht zuletzt an Dr. Christiane Neuen vom Patmos Verlag für ihre Anregungen und ihre kompetente Unterstützung.